V. I. Lenin

O ESTADO E A REVOLUÇÃO
O que ensina o marxismo sobre o Estado e o
papel do proletariado na revolução

Do mesmo autor:

Que fazer? Problemas candentes do nosso movimento

As três fontes e as três partes constitutivas do marxismo

Tarefas da juventude na construção do socialismo

Carta a um camarada

Imperialismo: estágio superior do capitalismo

Esquerdismo: doença infantil do comunismo

Lenin e a revolução de outubro – textos no calor da hora (1917-1923)

V. I. LENIN

O ESTADO E A REVOLUÇÃO
O que ensina o marxismo sobre o Estado e o
papel do proletariado na revolução

3ª edição

**EDITORA
EXPRESSÃO POPULAR**

São Paulo – 2021

Copyright © 2007, by Editora Expressão Popular

Revisão: *Geraldo Martins de Azevedo Filho e Miguel Cavalcanti Yoshida*
Projeto gráfico, diagramação e capa: *ZAP Design*
Tradução: *Aristides Lobo*
Escâner: *José Carlos Madureira*
Arte da Capa: *A. Moravov. Discurso de Lenin da varanda do palácio de Krzesinska, nas jornadas de julho de 1917*
Impressão: *Paym*

Dados Internacionais de Catalogação-na-Publicação (CIP)

L566e — Lenin, Vladimir Ilitch., 1870-1924-
O Estado e a revolução : o que ensina o marxismo sobre o Estado e o papel do proletariado na revolução / V. I. Lenin ; [tradução revista por Aristides Lobo] – 3.ed.– São Paulo : Expressão Popular, 2021.
184 p.

ISBN 978-65-5891-031-2

1. Estado e revolução. 2. marxismo e Estado. 3. Revolução – Proletariado. I. Marx, Karl, 1818 –1883. II. Titulo.

CDD 320.5322
330.85

Bibliotecária: **Eliane M. S. Jovanovich CRB 9/1250**

Todos os direitos reservados.
Nenhuma parte deste livro pode ser utilizada
ou reproduzida sem a autorização da editora.

Edição revista e atualizada de acordo com a nova ortografia

3ª edição: julho de 2021
1ª reimpressão: novembro de 2022

EDITORA EXPRESSÃO POPULAR
Rua Abolição, 197 – Bela Vista
CEP 01319-010 – São Paulo – SP
Tel: (11) 3112-0941 / 3105-9500
livraria@expressaopopular.com.br
www.expressaopopular.com.br
🖪 ed.expressaopopular
🖸 editoraexpressaopopular

SUMÁRIO

NOTA DOS EDITORES 7

APRESENTAÇÃO 9
Florestan Fernandes

PREFÁCIO À PRIMEIRA EDIÇÃO 19

PREFÁCIO À SEGUNDA EDIÇÃO 23

I – AS CLASSES SOCIAIS E O ESTADO 25
    1. O Estado é um produto do antagonismo inconciliável das classes 25
    2. Forças armadas, prisões etc...29
    3. O Estado, instrumento de exploração da classe oprimida 32
    4. "Definhamento" do Estado e a revolução violenta 35

II – A EXPERIÊNCIA DE 1848-1851 43
    1. Às vésperas da revolução 43
    2. A experiência de uma revolução 47
    3. Como Marx expunha a questão em 1852.........................53

III – O ESTADO E A REVOLUÇÃO – A EXPERIÊNCIA
DA COMUNA DE PARIS (1871) – ANÁLISE DE MARX 57
    1. Onde reside o heroísmo da tentativa dos comunardos.......................57
    2. Pelo que deve ser substituída a máquina do Estado,
       depois de destruída? 61
    3. Supressão do parlamentarismo..66
    4. Organização da unidade nacional 71
    5. Destruição do Estado parasita...75

IV – ESCLARECIMENTOS COMPLEMENTARES
DE ENGELS 77
1. O "problema da habitação" 77
2. Polêmica com os anarquistas 80
3. Carta a Bebel 84
4. Crítica do projeto do programa de Erfurt 87
5. O prefácio de 1891 à Guerra civil de Marx 94
6. A eliminação da democracia, segundo Engels 99

V – AS CONDIÇÕES ECONÔMICAS DO
DEFINHAMENTO DO ESTADO 103
1. Como Marx expõe a questão 103
2. A transição do capitalismo para o comunismo 106
3. Primeira fase da sociedade comunista 111
4. Fase superior da sociedade comunista 115

VI – VULGARIZAÇÃO DO MARXISMO
PELOS OPORTUNISTAS 123
1. Polêmicas de Plekhanov com os anarquistas 124
2. Polêmica de Kautsky com os oportunistas 125
3. Polêmica de Kautsky com Pannekoek 132

POSFÁCIO À PRIMEIRA EDIÇÃO 141

ANEXO

LENIN E A INSTRUMENTALIDADE DO ESTADO 145
José Paulo Netto

NOTA DOS EDITORES

O Estado e a revolução: o que ensina o marxismo sobre o Estado e o papel do proletariado na revolução foi escrito por Lenin entre agosto e setembro de 1917 e publicado em 1918. Este texto foi amplamente divulgado no Brasil, contando com várias edições e traduções.

A presente tradução foi feita por Aristides Lobo e publicada pela primeira vez no ano de 1946 pela Editorial Guaíra.

Esta segunda edição de *O Estado e a revolução* feita pela Expressão Popular traz uma apresentação escrita por Florestan Fernandes, em 1978, à edição deste texto pela Editora Hucitec. Além disso, como apêndice reproduzimos o ensaio de José Paulo Netto "Lenin e a instrumentalidade do Estado" redigido originalmente como apresentação à edição de 1987 de *O Estado e a revolução* publicado pela Editora Global.

Agradecemos aqui os familiares de Aristides Lobo e de Florestan Fernandes que gentilmente nos cederam o direito de utilização da presente tradução e apresentação. Agradecemos também a José Paulo Netto por ter nos autorizado a publicar o seu ensaio como apêndice desta edição.

Os editores

APRESENTAÇÃO*

Florestan Fernandes

O Estado e a revolução, uma obra capital dentro do marxismo, não é, entretanto, a "obra mais importante" de Lenin. O livro foi escrito no clímax de sua vida intelectual e política. E é deveras interessante por causa disso. O que escreve um ativista e pensador político do seu porte no momento mesmo em que se lançava, ardorosamente, à frente de um movimento revolucionário que iria abalar tanto a Rússia, quanto o mundo em que vivemos?

A localização na história torna-se vital. Lenin chegara a Petrogrado na noite de 3 para 4 de abril de 1917. E para começar, divulga o resumo de suas "Teses", as quais subverteram a posição do seu partido diante da revolução russa. Negando a viabilidade do controle revolucionário do poder pela burguesia, ele suscita o

---

* Texto originalmente escrito como apresentação a *O Estado e a Revolução*, Editora Hucitec, 1978. Agradecemos aos familiares de Florestan Fernandes que gentilmente autorizaram a publicação deste texto.

problema da transformação do partido, do papel do proletariado na revolução e da tomada do poder pelas classes trabalhadoras. Na verdade, um vulcão desabou sobre a Rússia com a sua chegada, vergando-a sob o peso do marxismo, resgatado em toda a sua pureza como força revolucionaria. A primeira versão desse avanço está contida nas "Teses" e na forma mais elaborada que elas tomam na brochura *As tarefas do proletariado em nossa revolução*. A outra expressão entrelaçada do mesmo avanço é esta obra, escrita alguns meses depois e sob o impacto da mesma fermentação histórica. No auge das lutas políticas, Lenin vê-se compelido a proceder àquele resgate, libertando o marxismo de uma longa tradição oportunista, que ia diretamente de Lassalle a Bernstein, Kautsky e Plekhanov, ou travando um combate teórico necessário com os anarquistas.

Por isso, este livro contém um cunho didático e polêmico. Em primeiro lugar, ele se volta para o restabelecimento da verdadeira doutrina de Marx e Engels sobre o Estado e o papel da ditadura do proletariado na revolução socialista. Como escreve, queremos a revolução socialista com os homens tais como são hoje. Era preciso ir direto à consciência das massas e converter o marxismo em uma força política real, revolucionária em sua forma, em suas consequências e em sua marcha para diante. Em segundo lugar, era preciso limpar o terreno. De um lado, afastando o centro da reflexão teórica e da atividade prática de qualquer concessão reformista. Quando se pode tomar o poder revolucionariamente não se deve ficar com um sucedâneo do poder revolucionário. De outro, demarcando os limites que separam teorias afins ou convergentes, mas que são opostas entre si e se excluem na prática política. Quando se pode tomar o poder revolucionariamente impõe-se combater todas as confusões e todas as esperanças falsas. As utopias podem ser perigosas e a revolução proletária não pode entregar-se ao erro de fortalecer o inimigo encastelado por trás do poder do Estado capitalista.

Não é de se estranhar que *O Estado e a revolução* tenha preenchido sua função educativa, de esclarecer a consciência das massas populares e das classes trabalhadoras, e ao mesmo tempo tenha recebido uma multiforme campanha de difamações. Dentro do marxismo, os expoentes e os campeões do reformismo, do gradualismo e do oportunismo atacaram o livro sem piedade. O menos que disseram (e foi repetido como um realejo) é que Lenin falsificou-os textos de Marx e Engels, que extraiu do marxismo a dialética, o fundamento progressista e o espírito democrático. Algo duro de entender e de engolir quando se verifica o escrúpulo com que ele fica rente ao marxismo genuíno e o cuidado com que forra as suas interpretações. Cai, mesmo, no excesso de transcrições e até da repetição. Por acaso algumas das transcrições foram falsificadas? Ao repetir, com suas palavras, deformou alguma vez argumentos essenciais? Impossível provar, ele conhecia os textos de Marx e Engels de dentro, para fora... Externamente ao marxismo, os ataques equilibrados procedem do anarquismo. Ele próprio revela um grande respeito pela doutrina anarquista do Estado e concentra-se nas insuficiências dessa doutrina, quando comparada, passo a passo, com as interpretações dos dois fundadores do socialismo revolucionário e do movimento comunista. Além disso, procura prevenir o delírio político, a confusão entre sonhos e realidades, os saltos impossíveis com o descarrilamento prematuro da revolução proletária. Os pensadores "liberais" e os vários representantes do conservantismo político também atacaram a obra. Os seus ataques não nos devem comover, pois defendiam a sua bastilha e o seu pão de cada dia, dentro da lógica das coisas.

O que se impõe forçosamente à nossa atenção, nesta breve nota, é o significado didático do livro. Depois que as revoluções proletárias se alastraram e irromperam por todos os continentes, ele não perdeu o seu valor. Ao contrário, nunca mais apareceu alguém com a envergadura teórica de Lenin e tão capaz de ligar criadoramente a teoria com a prática política. É preciso, em consequência, que o leitor se ponha à altura do livro. Ele não é uma mera reprodução de ideias e de doutrinas. Nada haveria de mal se fosse. Ocorre que

APRESENTAÇÃO

não é. Ao estabelecer, tão escrupulosamente, o que era central ao marxismo genuíno, ele também alarga e aprofunda a teoria marxista do Estado, por quê? Se não quisermos ficar nas representações de senso comum, porque a sistematização da teoria voltava-se para uma prática revolucionária concreta. Era preciso caracterizar bem o Estado que devia ser conquistado e, em seguida, transformado e destruído. Essa vinculação política define o giro leninista. O marxismo sai de suas mãos enriquecido: ele não poderia servir à revolução proletária sem estender e aprofundar as análises e as interpretações de Marx e Engels. Não há nenhum desabono em reconhecer este fato, os dois fundadores do marxismo tinham como ponto de referência maior a Comuna e o Estado burguês do capitalismo competitivo. Lenin experimentara o malogro de 1905 e contava com os marcos – ou o solo histórico – do poder dos sovietes, ou seja, da organização do poder popular e das classes trabalhadoras na marcha da desagregação e da reconstrução da sociedade russa. Portanto, o seu élan inventivo possuia outra rotação, como parte intrínseca às revoluções proletárias do século XX.

Desse ângulo, Lenin não retoma, apenas, o que se poderia designar como as ideias fundamentais de Marx e Engels sobre o Estado capitalista, em suas diversas formas políticas, e a ditadura do proletariado. Se é verdade que ele não cria uma "nova teoria", realizando um salto sobre o pensamento básico que lhe serve de ponto de partida, é preciso reconhecer-se o que ele fez de original. Primeiro, no terreno da sistematização: cabe-lhe o mérito de ter codificado (ou sistematizado) as descobertas, conclusões e ensinamentos práticos de Marx, Engels e outros pensadores marxistas, nessa área tão essencial para a explicação e a transformação da realidade. Ao sistematizar, ele saturou claros, superou lacunas e, principalmente, atualizou a teoria com que lidava, pondo-a em dia com as exigências do século XX. Embora na discussão de textos apanhe como ponto de referência a Comuna, o capitalismo competitivo ou as formas políticas do Estado capitalista do século XIX, o pensamento político de Lenin opera a partir e contra o desafio do capitalismo da "era do imperialismo".

Segundo, graças a seu papel criador na esfera lógica da codificação (ou da sistematização) da teoria: teve de demarcar a importância relativa de certas concepções políticas no *corpus* teórico do marxismo. Atente-se, a este respeito, para a compreensão e a interpretação da conquista do poder pelo proletariado, do tipo de Estado resultante da ditadura do proletariado, das funções desse Estado de democracia de maioria (e do significado político dessa mesma democracia, destinada à superação e à destruição) e do definhamento do Estado mediante o desenvolvimento socialista e a implantação do comunismo. Dirão, alguns, que suas ideias são "lineares" e "simplistas"; todavia, ele se ocupou da sistematização com vistas à ação revolucionária concreta, não como "teórico de gabinete" e, muito menos, como o "cientista político" que cava um fosso entre a ciência e a revolução social. O que se deveria lamentar, no caso, não é a ausência de contribuições originais de importância, em vários pontos específicos, mas que a ocasião não lhe permitisse ir além de uma pedagogia política. De fato, foi uma pena que o texto de *O Estado e a revolução* tivesse ficado tão afastado das análises concretas de Lenin sobre o desenvolvimento do capitalismo, o caráter da revolução burguesa e as vias da conquista do poder pelo partido do proletariado na Rússia.

Terceiro, no terreno puramente prático: nenhum estrategista político ou estadista chegou a cruzar tão bem as fronteiras mútuas entre teoria e prática e, o que é crucial, nenhum analista político encontrou na prática uma comprovação tão completa da teoria. As "Teses", "As tarefas do proletariado em nossa revolução", o êxito do Partido Comunista na "Revolução de Outubro", a vitória sobre a contrarrevolução (incluindo-se nesta também o cerco impiedoso da Entente) e as previsões sobre os ziguezagues ou as dificuldades do desenvolvimento socialista ulterior comprovam o quanto é correta sua formulação final da teoria marxista do Estado e da revolução proletária. Em conjunto, este breve arrolamento sugere algo patente: o fogo de combate não impediu que *O Estado e a revolução* viesse a contar seja na história intelectual das revoluções seja na história da construção de teoria nas ciências sociais. Os que não enxergam isso necessitam alterar sua ótica, para ver a ação propriamente política como uma fonte de observação, análise e verificação de conhecimentos sobre processos políticos em determinadas condições históricas.

O outro dado essencial, que devemos contemplar nesta nota, é referente às circunstâncias. Pode-se indagar: qual o interesse de tal livro, não obstante sua importância teórica e prática para o marxismo, onde a revolução, proletária não se desencadeou ou foi congelada? Os epígonos da Segunda Internacional já fizeram tantas "revisões" de Marx que até seria embaraçoso ignorar o assunto. Muito antes do aparecimento deste livro, Bernstein, por exemplo, demonstrara como o capitalismo dos trustes e das grandes organizações resolvia os problemas do proletariado. Em suma, o capitalismo maduro nada tem a ver com o capitalismo dos meados do século XIX. Um argumento que todos os oportunistas converteram em dogma de seu catecismo político (que eles proclamam socialista, apesar de tudo!). Ora, esse revisionismo, apesar das críticas de Rosa Luxemburgo e outros, só tem crescido, como resposta reativa do cerco capitalista às revoluções proletárias e socialistas. Hoje, parece-lhes pacífico que, fora da transição gradual, não há socialismo democrático (*sic*!); e a maioria dos partidos socialistas já se contenta com a reforma do capitalismo, esquecendo a proclamação de Marx e Engels: "Para nós, não se trata de reformar a propriedade privada, mas de aboli-la; não se trata de atenuar os antagonismos de classes, mas de abolir as classes; não se trata de melhorar a sociedade existente, mas de estabelecer uma nova". Um texto de 1850! Por acaso, foi ultrapassado pela "solução da questão operária" no capitalismo maduro? Ou o socialismo revolucionário, como força histórica, estabelece exigências incompatíveis com a capacidade de luta dos socialistas reformistas e pseudo-democráticos?

Desse ângulo, o livro escrito sob a tensão da revolução social em processo preserva toda a sua necessidade e utilidade. É evidente que mesmo as nações socialistas poderão encontrar nele ensinamentos para enfrentar os dilemas colocados pela construção do socialismo e pela despolitização do Estado.

Por fim, há uma ponderação marginal. Muitos poderão pensar que um livro como este só será necessário e útil quando existirem condições maduras para a tomada do poder revolucionário pelas classes trabalhadoras. Até lá, seria melhor manter o livro à distância das massas, dos quadros e das vanguardas do movimento socialista. No entanto, o que cria o quê? São as classes trabalhadoras que criam as condições de uma revolução social ou, vice-versa, estas que criam as classes trabalhadoras? Pensar dentro de tal esquema seria o mesmo que subjugar o movimento operário a uma ótica estreita, estanque e determinista, cega para a história produzida pelos homens. A revolução proletária não é como uma fruta madura e não basta erguer a mão para apanhá-la. Esse raciocínio é de aplicação universal e tem valor axiomático na periferia do mundo capitalista, na qual o capitalismo não oferece nem alternativas nem compensações. Como educar as classes trabalhadoras para o socialismo? Como levá-las a compreender a sua tarefa revolucionária na tomada do poder, na destruição do Estado capitalista e na preparação da transição socialista? Quanto tempo se deverá esperar para que o capitalismo amadureça (ou apodreça)? É óbvio que a mencionada linha de argumentação não possui consistência; e que é preciso divulgar o mais possível a leitura de *O Estado e a revolução*. O desemburguesamento do proletário deve começar a partir das lutas contra o capitalismo e pelas reformas de conteúdo anticapitalista. Se já se pode enumerar as experiências concretas das nações socialistas, que não são contempladas pelo livro – e nem o poderiam ser – o papel revolucionário do proletariado continua ativo, tanto no capitalismo maduro quanto nessas nações. Portanto, parta-se de onde se partir, a conclusão será a mesma. Esta obra continua fundamental para a dinâmica das revoluções proletárias e sua importância aumenta quando a avaliação se faz em termos das situações predominantes na periferia do mundo capitalista e nas nações em transição para o socialismo.

A presente reedição aproveita um trabalho feito com notável dedicação, talento e probidade intelectual por Aristides Lobo. Ela surge em um momento propício, a pressão operária e o protesto sindical situam à nova luz a questão do espaço político democrático no seio de uma sociedade capitalista relativamente subdesenvolvida e dependente. Esse espaço político nunca fora criado antes, por vias burguesas. Ao contrário, os setores dominantes das classes possuidoras sempre procuraram impedir, por todos os meios, o aparecimento e a consolidação desse espaço político democrático no Brasil, anulando ou esmagando todas as tentativas históricas no sentido de conquistá-lo. Preocupados com o monopólio do poder econômico, cultural e político, esses setores das classes dominantes impuseram seu próprio padrão de paz social, de estabilidade política e de organização do Estado. Assim, lograram excluir as classes subalternas de uma participação política eficaz e submeteram à dominação burguesa todas as organizações dos trabalhadores. A divulgação de *O Estado e a revolução* é extremamente necessária em um momento como este, no qual o avanço operário colide com as pressões vindas tanto das "ilusões constitucionais", quanto das "manipulações populistas". Concebido como arma de luta, o livro poderá desempenhar um papel deveras importante no despertar de uma consciência proletária socialista, sem a qual a pressão operária e o protesto sindical estão condenados ao malogro. A ligeireza com que se confundiu o "desenvolvimentismo" com a redenção nacional exige que se instruam os trabalhadores, os líderes sindicais e a juventude contestadora em textos de reflexão crítica tão aguda sobre as limitações do sufrágio universal, as debilidades intrínsecas da democracia constitucional e representativa, o caráter opressivo e repressivo da República democrática, a necessidade da revolução violenta para a instauração de uma democracia da maioria etc. Em particular, cumpre que se denuncie, sob todas as formas e com a força possível, a "fé supersticiosa no Estado", algo a que Lenin se propõe de ponta a ponta, seguindo a trilha dos fundadores do socialismo revolucionário. A leitura é tanto melhor quanto ela contempla também como e por que o proletariado deve primeiro conquistar o Estado burguês para, em seguida, transformá-lo e destruí-lo. Se não existissem outras razões, esta bastaria para dar a *O Estado e a revolução* um lugar incomum em nossa estante dos clássicos do socialismo.

São Paulo, 6 de novembro de 1978.

PREFÁCIO À PRIMEIRA EDIÇÃO

A questão do Estado assume, em nossos dias, particular importância, tanto do ponto de vista teórico quanto do ponto de vista político prático. A guerra imperialista acelerou e avivou ao mais alto grau o processo de transformação do capitalismo monopolista em capitalismo monopolista de Estado. A monstruosa escravização dos trabalhadores pelo Estado, que se une cada vez mais estreitamente aos onipotentes sindicatos capitalistas, atinge proporções cada vez maiores. Os países mais adiantados se transformam (referimo-nos à "retaguarda" desses países) em presídios militares para os trabalhadores.

Os inauditos horrores e o flagelo de uma guerra interminável tornam intolerável a situação das massas e aumentam a sua indignação. A revolução proletária universal está em maturação e a questão das suas relações com o Estado adquire, praticamente, um caráter de atualidade.

O ESTADO E A REVOLUÇÃO

Os elementos de oportunismo, acumulados durante dezenas de anos de relativa paz, criaram a corrente de social-chauvinismo que predomina nos partidos socialistas oficiais do mundo inteiro. Essa corrente (Plekhanov, Potressov, Brechkovskaia, Rubanovitch e, depois, sob uma forma ligeiramente velada, os srs. Tseretelli, Tchernov & cia., na Rússia; Scheidemann, Legien, David e outros, na Alemanha; Renaudel, Guesde, Vandervelde, na França; na Bélgica, Hyndman, e os fabianos* na Inglaterra etc. etc.), essa corrente, socialista em palavras, mas chauvinista em ação, se caracteriza por uma baixa e servil adaptação dos "chefes socialistas" aos interesses não só de "sua" própria burguesia nacional, como também do "seu" próprio Estado, pois a maior parte das chamadas grandes potências exploram e escravizam, há muito tempo, várias nacionalidades pequenas e fracas. Ora, a guerra imperialista não tem outra coisa em vista senão a partilha, a divisão dessa espécie de despojo. A luta das massas trabalhadoras, para se libertarem da influência da burguesia em geral e da burguesia imperialista em particular, é impossível sem uma luta contra os preconceitos oportunistas em relação ao "Estado".

Primeiro, passemos em revista a doutrina de Marx e Engels sobre o Estado, detendo-nos mais demoradamente nos pontos esquecidos ou desvirtuados pelo oportunismo. Em seguida, estudaremos especialmente o representante mais autorizado dessas doutrinas desvirtuadas, Karl Kautsky, o chefe mais conhecido dessa Segunda Internacional (1889-1914) que tão tristemente faliu durante a guerra atual. Finalmente, traremos os principais ensinamentos da experiência das revoluções russas de 1905, e, principalmente, de 1917. Esta última, no momento presente (princípios de agosto de 1917), entra visivelmente no fim de sua primeira fase; mas toda esta revolução só pode ser encarada como um anel na

---

* Membros da "Fabian Society", fundada em janeiro de 1874 e destinada a lutar por uma transformação paulatina da sociedade, a exemplo do que, em matéria militar, fizera o general romano Fábio, o Contemporizador. (N. de A. L.)

cadeia de revoluções proletárias socialistas provocadas pela guerra imperialista. A questão das relações entre a revolução socialista do proletariado e o Estado adquire, por conseguinte, não só uma significação política prática, mas também um caráter de palpitante atualidade, pois fará as massas compreenderem o que devem fazer para se libertarem do jugo capitalista em futuro próximo.

O autor
Agosto de 1917

PREFÁCIO À SEGUNDA EDIÇÃO

Esta segunda edição está em quase inteira conformidade com a primeira. Só foi feita uma adição ao parágrafo terceiro do capítulo II.

O autor
Moscou, 17-30 de dezembro de 1918

I – AS CLASSES SOCIAIS E O ESTADO

1. O Estado é um produto do antagonismo inconciliável das classes

Dá-se com a doutrina de Marx, neste momento, aquilo que, muitas vezes, na história, tem acontecido com as doutrinas dos pensadores revolucionários e dos dirigentes do movimento libertador das classes oprimidas. Os grandes revolucionários foram sempre perseguidos durante a vida; a sua doutrina foi sempre alvo do ódio mais feroz, das mais furiosas campanhas de mentiras e difamação por parte das classes dominantes. Mas, depois da sua morte, tenta-se convertê-los em ídolos inofensivos, canonizá-los por assim dizer, cercar o seu nome de uma auréola de glória, para "consolo" das classes oprimidas e para o seu ludíbrio, enquanto se castra a substância do seu ensinamento revolucionário, embotando-lhe o gume, aviltando-o. A burguesia e os oportunistas do movimento operário se unem presentemente para infligir ao marxismo um tal "tratamento". Esquece-se, esbate-se, desvirtua-se o lado revolucionário, a essência revolucionária da doutrina, a sua alma revolucionária. Exalta-se e coloca-se em primeiro plano o que é ou parece aceitável para a burguesia. Todos os social-chauvinistas (não riam!) são, agora, marxistas. Os sábios burgueses, que ainda ontem, na Alemanha, se especializavam em refutar o marxismo, falam cada vez mais num Marx "nacional-alemão", que, a dar-lhes ouvidos, teria educado os sindicatos operários, tão magnificamente organizados, para uma guerra de rapina.

Em tais circunstâncias, e uma vez que se logrou difundir tão amplamente o marxismo deformado, a nossa missão é, antes de tudo, restabelecer a verdadeira doutrina de Marx sobre o Estado. Para isso, teremos de fazer longas citações das obras de Marx e de Engels. Essas longas citações tornarão pesada a exposição e não contribuirão para torná-la popular; mas, é absolutamente impossível dispensá-las. Todas as passagens de Marx e Engels, pelo menos as passagens essenciais que tratam do Estado, devem ser reproduzidas sob a forma mais completa possível, para que o leitor possa fazer uma ideia pessoal do conjunto e do desenvolvimento das concepções dos fundadores do socialismo científico. Assim, apoiados em provas, demonstraremos, à evidência, que o atual "kautskismo" as deturpou.

Comecemos pela mais vulgarizada das obras de Engels, *A origem da família, da propriedade privada e do Estado,* cuja sexta edição apareceu em Stuttgart, em 1894. Traduziremos os nossos extratos do original alemão, porque as traduções russas, embora numerosas, são, em sua maior parte, incompletas ou muito defeituosas.

Resumindo a sua análise histórica, diz Engels:

O Estado não é, de forma alguma, uma força imposta, do exterior, à sociedade. Não é, tampouco, "a realidade da Ideia moral", nem "a imagem e a realidade da Razão" como pretende Hegel. É um produto da sociedade numa certa fase do seu desenvolvimento. É a confissão de que essa sociedade se embaraçou numa insolúvel contradição interna, se dividiu em antagonismos inconciliáveis de que não pode desvencilhar-se. Mas, para que essas classes antagônicas, com interesses econômicos contrários, não se entredevorassem e não devorassem a sociedade numa luta estéril, sentiu-se a necessidade de uma força que se colocasse aparentemente acima da sociedade, com o fim de atenuar o conflito nos limites da "ordem". Essa força, que sai da sociedade, ficando, porém, por cima dela e dela se afastando cada vez mais, é o Estado.

Eis, expressa com toda a clareza, a ideia fundamental do marxismo no que concerne ao papel histórico e à significação do Estado. O Estado é o produto e a manifestação do antagonismo inconciliável das classes. O Estado aparece onde e na medida em que os antagonismos de classes não podem objetivamente ser conciliados. E, reciprocamente, a existência do Estado prova que as contradições de classes são inconciliáveis.

É precisamente sobre esse ponto de importância capital e fundamental que começa a deformação do marxismo, seguindo duas linhas principais.

De um lado, os ideólogos burgueses e, sobretudo, os da pequena burguesia, obrigados, sob a pressão de fatos históricos incontestáveis, a reconhecer que o Estado não existe senão onde existem as contradições e a luta de classes, "corrigem" Marx de maneira a fazê-lo dizer que o Estado é o órgão da conciliação das classes. Para Marx, o Estado não poderia surgir nem subsistir se a conciliação das classes fosse possível. Para os professores e publicistas burgueses e para os filisteus despidos de escrúpulos, resulta, ao contrário, de citações complacentes de Marx, semeadas em profusão, que o Estado é um instrumento de conciliação das classes. Para Marx, o Estado é um órgão de dominação de classe, um órgão de submissão de uma classe por outra; é a criação de uma "ordem" que legalize e consolide essa submissão, amortecendo a colisão das classes. Para os políticos da pequena burguesia, ao contrário, a ordem é precisamente a conciliação das classes e não a submissão de uma classe por outra; atenuar a colisão significa conciliar, e não arrancar às classes oprimidas os meios e processos de luta contra os opressores a cuja derrocada elas aspiram.

Assim, na revolução de 1917, quando a questão da significação do papel do Estado foi posta em toda a sua amplitude, posta praticamente, como que reclamando uma ação imediata das massas, todos os socialistas-revolucionários e todos os mencheviques, sem exceção, caíram, imediata e completamente, na teoria pequeno-burguesa da "conciliação" das classes pelo "Estado". Inúmeras resoluções e artigos desses políticos estão profundamente impregnados dessa teoria pequeno-burguesa e oportunista da "conciliação". Essa democracia pequeno-burguesa é incapaz de compreender que o Estado seja o órgão de dominação de uma determinada classe que não pode conciliar-se com a sua antípoda (a classe adversa). A sua noção do Estado é uma das provas mais manifestas de que os nossos socialistas-revolucionários e os nossos mencheviques não são socialistas, como nós, os bolcheviques, sempre o demonstramos, mas democratas pequeno-burgueses de fraseologia aproximadamente socialista.

Em Kautsky, a deformação do marxismo é muito mais sutil. "Teoricamente", não nega que o Estado seja o órgão de dominação de uma classe, nem que as contradições de classe sejam inconciliáveis; mas, omite ou obscurece o seguinte: se o Estado é o produto da inconciliabilidade das contradições de classe, se é uma força superior à sociedade, "afastando-se cada vez mais da sociedade", é claro que a libertação da classe oprimida só é possível por meio de uma revolução violenta e da supressão do aparelho governamental criado pela classe dominante e que, pela sua própria existência, "se afasta" da sociedade. Esta conclusão teoricamente clara por si mesma, tirou-a Marx, com inteira precisão, como adiante veremos, da análise histórica concreta dos problemas da revolução. E foi precisamente essa conclusão que Kautsky "esqueceu" e desvirtuou, como demonstraremos detalhadamente no decurso da nossa exposição.

2. Forças armadas, prisões etc.

Contrariamente à antiga organização patriarcal (da tribo ou do clã) – continua Engels – o Estado se caracteriza, em primeiro lugar, pela divisão dos súditos segundo o território.

Essa divisão nos parece "natural", mas representa uma longa luta com a antiga organização patriarcal por clãs ou famílias.

O segundo traço característico do Estado é a instituição de um poder público que já não corresponde diretamente à população e se organiza também como força armada. Esse poder público separado é indispensável, porque a organização espontânea da população em armas se tornou impossível desde que a sociedade se dividiu em classes [...] Esse poder público existe em todos os Estados. Compreende não só homens armados, como também elementos materiais, prisões e instituições coercivas de toda espécie, que a sociedade patriarcal (clã) não conheceu.

Engels desenvolve a noção dessa "força" que se chama Estado, força proveniente da sociedade, mas superior a ela e que dela se afasta cada vez mais. Em que consiste fundamentalmente essa força? Em destacamentos especiais de homens armados tendo à sua disposição prisões etc.

Temos o direito de falar em destacamentos de homens armados, porque o poder público próprio a cada Estado "já não corresponde diretamente" à população armada, isto é, à sua "organização espontânea em armas".

Como todos os grandes pensadores revolucionários, Engels esforça-se por atrair a atenção dos trabalhadores conscientes para o que a medíocre pequena burguesia dominante considera menos digno de atenção, mais banal, consagrado por preconceitos não apenas resistentes, mas, pode-se dizer, petrificados. O exército permanente e a polícia são os instrumentos fundamentais da força do poder estatal. Mas, poderia ser de outra forma?

Para a grande maioria dos europeus do fim do século XIX, aos quais Engels se dirige e que não viveram nem observaram de perto nenhuma grande revolução, não poderia ser de outra forma.

Não compreendem de maneira alguma o que seja a "organização espontânea da população em armas". De onde vem a necessidade de corpos especiais de homens armados (polícia, exército permanente), separados da sociedade e superiores a ela? Os filisteus da Europa ocidental e da Rússia respondem, muito naturalmente, a essa pergunta, por uma ou duas frases colhidas em Spencer ou em Mikhailovsky, e alegam a complicação crescente da vida social, a diferenciação das funções sociais etc.

Essas alegações parecem "científicas" e tranquilizam admiravelmente o bom público, obscurecendo o principal, o essencial: a cisão da sociedade em classes irreconciliavelmente inimigas.

Se essa cisão não existisse, a "organização espontânea da população em armas" se distinguiria certamente, por sua complexidade, por sua elevada técnica etc., da organização primitiva de um bando de macacos armados de cacetes, ou da de homens primitivos ou de homens associados em clãs, mas tal organização seria possível.

É, porém, impossível, porque a sociedade civilizada está dividida em classes hostis e irreconciliáveis cujo armamento "espontâneo" provocaria a luta armada. Forma-se o Estado; cria-se uma força especial, criam-se corpos armados, e cada revolução, destruindo o aparelho governamental, nos mostra uma luta de classes descoberta, põe em evidência como a classe dominante se empenha em reconstituir, a seu serviço, corpos de homens armados e como a classe oprimida se empenha em criar uma nova organização do mesmo gênero, para pô-la ao serviço, não mais dos exploradores, mas dos explorados.

Na passagem citada, Engels coloca teoricamente a questão que, na prática, toda grande revolução põe diante de nós em plena evidência e na escala da ação das massas, ou seja, a questão das relações entre os destacamentos "separados" de homens armados e a "organização espontânea da população em armas". Veremos essa questão evoluir na experiência das revoluções europeias e russas.

Mas, voltemos à exposição de Engels.

Ele mostra que o poder público é, às vezes, fraco – por exemplo, em certas regiões da América do Norte (trata-se – exceção bem rara na sociedade capitalista – de certas regiões em que, antes do período imperialista, predominava o colono livre), mas, em geral, o poder público aumenta:

> O poder público se reforça à medida que se agravam os antagonismos de classe no interior e à medida que os Estados contíguos se tornam mais fortes e mais populosos. Basta considerar a Europa atual, onde a luta de classes e a competição nas conquistas têm aumentado o poder público a um tal grau que ameaça absorver toda a sociedade e até o próprio Estado.

Essas linhas foram escritas, quando muito, pouco depois de 1890. O último prefácio de Engels tem a data de 16 de junho de 1891. A evolução para o imperialismo, caracterizada pela dominação absoluta dos trustes, pela onipotência dos grandes bancos, pela política colonial em grande escala etc., mal começava na França e era ainda mais fraca na América e na Alemanha. Desde então, a "competição nas conquistas" deu um passo gigantesco, a ponto de o globo terrestre, mais ou menos em 1910, achar-se definitivamente partilhado entre os "conquistadores rivais", isto é, entre as grandes potências espoliadoras. Os armamentos terrestres e marítimos aumentaram em enormes proporções e a guerra de rapina de 1914-1917, que devia acarretar a hegemonia universal da Inglaterra ou da Alemanha e repartir o despojo, quase levou a uma catástrofe completa a "absorção" de todas as forças sociais pela voracidade do poder governamental.

Engels soube, já em 1891, denunciar a "competição nas conquistas" como um dos principais traços característicos da política exterior das grandes potências, ao passo que os malandrins do social-chauvinismo, em 1914-1917, depois que essa rivalidade centuplicada gerou a guerra imperialista, disfarçam a sua solicitude pelos interesses espoliadores da "sua" burguesia com frases sobre a "defesa nacional", a "defesa da República e da Revolução" etc.!

3. O Estado, instrumento de exploração da classe oprimida

Para manter um poder público separado da sociedade e situado acima dela, são necessários os impostos e uma dívida pública.

Investidos do poder público e do direito de cobrança dos impostos – escreve Engels –, os funcionários, considerados como órgãos da sociedade, são colocados acima da sociedade. O respeito livre, voluntário, de que eram cercados os órgãos da sociedade patriarcal (do clã) já não lhes bastaria, mesmo que pudessem adquiri-lo.

Fazem-se leis sobre a "santidade" e "inviolabilidade" dos funcionários.

"O mais insignificante agente de polícia" tem mais "autoridade" que os representantes do clã; mas, o chefe militar de um país civilizado poderia invejar um chefe de clã, que a sociedade patriarcal cercava de um respeito "voluntário e não imposto pelo cacete".

Surge, agora, a questão da situação privilegiada dos funcionários como órgãos do poder público. O ponto essencial é este: que é que os coloca acima da sociedade? Veremos como esta questão teórica foi resolvida praticamente pela Comuna de Paris em 1871, e contornada por Kautsky em 1912, com o emprego de um processo reacionário.

Como o Estado nasceu da necessidade de refrear os antagonismos de classes, no próprio conflito dessas classes, resulta, em princípio, que o Estado é sempre o Estado da classe mais poderosa, da classe economicamente dominante que, também graças a ele, se torna a classe politicamente dominante e adquire, assim, novos meios de oprimir e explorar a classe dominada.

Não só o Estado antigo e o Estado feudal eram órgãos de exploração dos escravos e dos servos, como também:

O Estado representativo moderno é um instrumento de exploração do trabalho assalariado pelo capital. Há, no entanto, períodos excepcionais em que as classes em luta atingem tal equilíbrio que o poder público adquire momentaneamente certa independência em relação às mesmas e se torna uma espécie de árbitro entre elas.

Tais foram a monarquia absoluta dos séculos XVII e XVIII, o bonapartismo do primeiro e do segundo Império, na França, e Bismarck na Alemanha.

Tal é, acrescentaremos nós, o governo de Kerensky na Rússia republicana, com a sua política de perseguição contra o proletariado revolucionário no momento em que os sovietes são já impotentes em virtude de seus dirigentes pequeno-burgueses e a burguesia ainda não é bastante forte para os dissolver sem cerimônia.

"Na República democrática" – continua Engels – "a riqueza utiliza-se do seu poder indiretamente, mas com maior segurança", primeiro pela "corrupção pura e simples dos funcionários" (América), depois pela "aliança entre o Governo e a Bolsa" (França e América).

Atualmente, o imperialismo e o reinado dos bancos têm "desenvolvido", com uma arte requintada, em todas as repúblicas democráticas, esses dois meios de manter e exercer a onipotência da riqueza. Se, por exemplo, nos primeiros meses da República democrática na Rússia, em plena lua-de-mel, por assim dizer, do casamento dos socialistas-revolucionários e dos mencheviques com a burguesia dentro do governo de coligação, o sr. Paltchinski sabotava todas as medidas propostas para refrear os apetites desenfreados dos capitalistas e as suas exações nos fornecimentos militares; se, em seguida, o sr. Paltchinski, saído do ministério e substituído, naturalmente, por outro Paltchinski da mesma marca, se vê "gratificado" pelos capitalistas com uma boa sinecura rendendo 120 mil rublos por ano, que significa isso? Corrupção direta ou indireta? Aliança do governo com os sindicatos patronais ou "apenas" relações de amizade? Qual é o papel desempenhado por Tchernov e Tseretelli, Avksentiev e Skobelev? São aliados "diretos" ou apenas indiretos dos milionários concussionários?

A onipotência da "riqueza" é tanto melhor assegurada numa república democrática quanto não está sujeita a uma crosta acanhada do capitalismo. A república democrática é a melhor crosta possível do capitalismo. Eis por que o capital, depois de se ter apoderado dessa crosta ideal, graças aos Paltchinski, aos Tchernov, aos Tseretelli e consortes, firmou o seu poder de maneira tão sólida, tão segura, que nenhuma mudança de pessoas, instituições ou partidos, na república democrática burguesa, é suscetível de abalar esse poder.

É preciso notar, ainda, que Engels definiu o sufrágio universal de uma forma categórica: um instrumento de dominação da burguesia. O sufrágio universal, diz ele, considerando, manifestamente, a longa experiência da social-democracia alemã, é:

> o indício da maturidade da classe operária. Nunca mais pode dar e nunca dará nada no Estado atual.

Os democratas pequeno-burgueses, do gênero dos nossos socialistas-revolucionários e mencheviques, e os seus irmãos, os social-chauvinistas e oportunistas da Europa ocidental, esperam, precisamente, "mais alguma coisa" do sufrágio universal. Partilham e fazem o povo partilhar da falsa concepção de que o sufrágio universal, "no Estado atual", é capaz de manifestar verdadeiramente e impor a vontade da maioria dos trabalhadores.

Não podemos senão notar aqui essa falsa concepção e salientar que a declaração clara, precisa e concreta de Engels é desvirtuada a cada passo na propaganda e na agitação dos partidos socialistas "oficiais", isto é, oportunistas. Demonstraremos mais amplamente toda a falsidade da ideia que Engels aqui repudia, desenvolvendo mais adiante as teorias de Marx e Engels sobre o Estado "atual".

Em sua obra mais popular, Engels resume nestes termos a sua teoria:

> O Estado, por conseguinte, não existiu sempre. Houve sociedades que passaram sem ele e que não tinham a menor noção de Estado nem de poder governamental. A um certo grau do desenvolvimento econômico, implicando necessariamente na divisão da sociedade em classes, o Estado tornou-se uma necessidade, em consequência dessa divisão. Presentemente, marchamos a passos largos para um tal desenvolvimento da produção, que a existência dessas classes não só deixou de ser uma necessidade,

como se torna mesmo um obstáculo à produção. As classes desaparecerão tão inelutavelmente como apareceram. Ao mesmo tempo que as classes, desaparecerá inevitavelmente o Estado. A sociedade reorganizando a produção sobre a base da associação livre e igual de todos os produtores, enviará a máquina governamental para o lugar que lhe convém: o museu de antiguidades, ao lado da roda de fiar e do machado de bronze.

Na literatura de propaganda da social-democracia contemporânea, não se encontra essa citação. E quando se reproduz esse trecho, é, em geral, como quem se curva diante de um ídolo, como quem faz um ato de veneração oficial por Engels, sem o menor cuidado de refletir sobre a amplitude e profundeza da revolução que "enviará a máquina governamental para o museu de antiguidades". A maior parte das vezes, parece que nem sequer se compreendeu o que Engels entende por máquina governamental.

4. "Definhamento" do Estado e a revolução violenta

As palavras de Engels sobre o "definhamento" do Estado gozam de tal celebridade, são tão frequentemente citadas, põem tão bem em relevo o fundo da falsificação oportunista do marxismo, que é necessário examiná-las detalhadamente. Citaremos toda a passagem de onde são extraídas:

O proletariado se apodera da força do Estado e começa por transformar os meios de produção em propriedade do Estado. Por esse meio, ele próprio se destrói como proletariado, abole todas as distinções e antagonismos de classes e, simultaneamente, também o Estado, como Estado. A antiga sociedade, que se movia através dos antagonismos de classe, tinha necessidade do Estado, isto é, de uma organização da classe exploradora, em cada época, para manter as suas condições exteriores de produção e, principalmente, para manter pela força a classe explorada nas condições de opressão exigidas pelo modo de produção existente (escravidão, servidão, trabalho assalariado). O Estado era o representante oficial de toda a sociedade, a sua síntese num corpo visível, mas só o era como Estado da própria classe que representava em seu tempo toda a sociedade: Estado de cidadãos proprietários de escravos, na Antiguidade; Estado da nobreza feudal, na Idade Média; e Estado da burguesia de nossos dias. Mas, quando o Estado se torna, finalmente, representante efetivo da sociedade inteira, então torna-se supérfluo. Uma vez que não haja nenhuma classe social a oprimir; uma vez que, com a soberania de classe e com a luta pela existência individual, baseada na antiga anarquia da produção, desapareçam as colisões e os excessos que daí resultavam – não haverá mais nada a reprimir e um poder especial de repressão, um Estado, deixa de ser necessário.

O primeiro ato pelo qual o Estado se manifesta realmente como representante de toda a sociedade – a posse dos meios de produção em nome da sociedade – é, ao mesmo tempo, o último ato próprio do Estado. A intervenção do Estado nas relações sociais se vai tornando supérflua daí por diante e desaparece automaticamente. O governo das pessoas é substituído pela administração das coisas e pela direção do processo de produção. O Estado não é "abolido": morre. É desse ponto de vista que se deve apreciar a palavra de ordem de "Estado livre do povo", tanto em seu interesse passageiro para a agitação, como em sua definitiva insuficiência científica; é, igualmente, desse ponto de vista que se deve apreciar a reivindicação dos chamados anarquistas, pretendendo que o Estado seja abolido de um dia para o outro.[*]

Sem receio de erro, pode-se dizer que, de todo esse raciocínio de Engels, de uma notável riqueza de pensamento, só resta, nos partidos socialistas de hoje, como verdadeira aquisição do pensamento socialista, a fórmula de Marx, segundo a qual o Estado "morre", contrariamente à doutrina anarquista da "abolição" do Estado. Amputar assim o marxismo é reduzi-lo ao oportunismo, pois que, depois de um tal "comentário", não fica senão a concepção de uma transformação lenta, igual, progressiva, sem sobressalto nem tempestade, sem revolução. A "extinção" do Estado, na concepção corrente, espalhada, popular, por assim dizer, é, sem

---

[*] F. Engels, *Anti-Dühring*. (N. de A. L.)

dúvida alguma, o esquecimento, senão a negação da revolução. Esse "comentário" é a mais grosseira deformação do marxismo em proveito exclusivo da burguesia, deformação baseada teoricamente na omissão das principais circunstâncias e considerações indicadas, nas conclusões de Engels, que acabamos de citar por extenso.

1. Logo no início do seu raciocínio, Engels diz que, ao tomar o poder, o proletariado, "por esse meio, abole o Estado como Estado". "Não se costuma" aprofundar o que isso significa. Em geral, despreza-se inteiramente esse pensamento ou se vê nele uma espécie de "fraqueza hegeliana" de Engels. Na realidade, essas palavras significam, em síntese, a experiência de uma das maiores revoluções proletárias, a experiência da Comuna de Paris de 1871, de que falaremos mais detalhadamente no lugar que lhe compete. De fato, Engels fala da "abolição" do Estado burguês pela revolução proletária, ao passo que as suas palavras sobre o definhamento e a "morte" do Estado se referem aos vestígios do Estado proletário que subsistem depois da revolução socialista. Segundo Engels, o Estado burguês não "morre"; é "aniquilado" pelo proletariado na revolução. O que morre "depois" dessa revolução é o Estado proletário ou semiestado.

2. O Estado é "uma força especial de repressão". Esta notável e profunda definição de Engels é de uma absoluta clareza. Dela resulta que essa "força especial de repressão" do proletariado pela burguesia, de milhões de trabalhadores por um punhado de ricos, deve ser substituída por uma "força especial de repressão" da burguesia pelo proletariado (a ditadura do proletariado). É nisso que consiste a "abolição do Estado como Estado". É nisso que consiste o "ato" de posse dos meios de produção em nome da sociedade. Consequentemente, essa substituição de uma "força especial" (a da burguesia) por outra "força especial" (a do proletariado) não pode equivaler para aquela a um "definhamento".

3. Esse "definhamento" ou, para falar com mais relevo e cor, essa "letargia", coloca-a Engels, claramente, no período posterior

ao "ato de posse dos meios de produção pelo Estado, em nome da sociedade", posterior, portanto, à revolução socialista. Todos nós sabemos que a forma política do "Estado" é, então, a plena democracia. Mas, nenhum dos oportunistas, que impudentemente desvirtuam o marxismo, concebe que Engels se refira à "letargia" e à "morte" da democracia. À primeira vista, parece estranho; mas, só é incompreensível para quem não reflete que a democracia é também Estado e, por conseguinte, desaparecerá quando o Estado desaparecer. Só a Revolução pode "abolir" o Estado burguês. O Estado em geral, isto é, a plena democracia, só pode "definhar".

4. Ao enunciar a sua famosa fórmula: "O Estado morre", Engels apressou-se a precisar que essa fórmula é dirigida contra os oportunistas e contra os anarquistas. E coloca em primeiro lugar o corolário que atinge os oportunistas.

Pode-se apostar que, de dez mil pessoas que leram essas linhas ou ouviram falar do "definhamento" do Estado, 9.990 ignoram absolutamente ou fingem esquecer que Engels não dirigia as conclusões da sua fórmula apenas contra os anarquistas. E, nas dez restantes, há seguramente nove que não sabem o que é o "Estado livre do povo" e porque, atacando-o, Engels ataca ao mesmo tempo os oportunistas. É assim que se escreve a história. É assim que se adultera insensivelmente a grande doutrina revolucionária, até transformá-la numa banalidade ao plano da mediocridade reinante. A conclusão contra os anarquistas foi mil vezes repetida, repisada e simplificada, fixando-se nos cérebros com a tenacidade de um preconceito. A conclusão contra os oportunistas, porém, deixaram-na na sombra e "esquecida"!

O "Estado livre do povo" era o programa e a fórmula corrente dos social-democratas alemães de 1870. Essa fórmula não tem nenhum conteúdo político, não passando de uma pomposa expressão burguesa da ideia de democracia. Engels dispunha-se a "justificar momentaneamente" o seu emprego na agitação, na medida em que essa fórmula aludia legalmente à república democrática. Mas era uma fórmula oportunista, pois exprimia não só uma democracia burguesa mal disfarçada, como também a incompreensão da crítica socialista do Estado em geral. Nós somos partidários da república democrática como sendo a melhor forma de governo para o proletariado sob o regime capitalista, mas andaríamos mal se esquecêssemos que a escravidão assalariada é o quinhão do povo mesmo na república burguesa mais democrática.

Mais adiante: todo Estado é uma "força especial de repressão" da classe oprimida. Um Estado, seja ele qual for, não poderá ser livre nem popular. Marx e Engels explicaram isso muitas vezes aos seus camaradas de partido, mais ou menos em 1870.

5. Na mesma obra de Engels, de cujo raciocínio sobre o definhamento do Estado todos se recordam, encontra-se desenvolvida a definição da revolução violenta. A apreciação do seu papel histórico torna-se, na obra de Engels, verdadeira apologia da revolução. Disso ninguém "se lembra"; é moda, nos partidos socialistas contemporâneos, não falar nem pensar nunca no assunto; na propaganda e na agitação cotidianas entre as massas, essas ideias não desempenham papel algum. No entanto, estão indissoluvelmente ligadas à ideia do "definhamento" do Estado, com a qual formam um todo.

Eis a passagem de Engels:

Que a violência desempenha ainda outro papel na história, um papel revolucionário; que é, segundo Marx, a parteira de toda velha sociedade, grávida de uma sociedade nova; que é a arma com a qual o movimento social abre caminho e quebra formas políticas petrificadas e mortas – sobre isso o sr. Dühring silencia. É suspirando e gemendo que ele admite a possível necessidade da violência para derrubar a exploração econômica [...] Infelizmente, pois a violência, diz ele, sempre desmoraliza os que a ela recorrem. E isso a despeito do grande surto moral e intelectual que nasce de toda revolução vitoriosa! E isso na Alemanha, onde o choque violento, ao qual o povo poderia ser constrangido, teria, ao menos, a vantagem de destruir o servilismo que penetrou na consciência nacional em seguida às humilhações da Guerra dos Trinta Anos. E é essa mentalidade de predicante, sem arrojo, sem sabor e sem força, que pretenderia impor-se ao partido mais revolucionário que a história conhece.

Como conciliar na mesma doutrina essa apologia da revolução violenta, insistentemente repetida por Engels, aos social-democratas alemães de 1878 a 1895, isto é, até a sua morte, com a teoria do "definhamento" do Estado?

Costumam conciliá-las ecleticamente, tomando, por um processo empírico ou sofístico, arbitrariamente, ou para agradar aos poderosos do dia, ora a ideia da revolução violenta, ora a do definhamento; e 99% das vezes, senão mais, colocam em primeiro plano justamente essa última. A dialética cede lugar ao ecletismo: com relação ao marxismo, é a coisa mais frequente e mais espalhada na literatura social-democrata oficial dos nossos dias. Não é uma novidade, certamente, pois o ecletismo já substituiu a dialética na história da filosofia clássica grega. Na falsificação oportunista do marxismo, a falsificação eclética da dialética engana as massas com mais facilidade, dando-lhes uma aparente satisfação, fingindo ter em conta todas as faces do fenômeno, todas as formas de desenvolvimento e todas as influências contraditórias; mas, de fato, isso não dá uma noção completa e revolucionária do desenvolvimento social.

Já dissemos, e o demonstraremos mais detalhadamente a seguir, que a doutrina de Marx e Engels sobre a necessidade da revolução violenta se refere ao Estado burguês. Este só pode, em geral, ceder lugar ao Estado proletário (ditadura do proletariado) por meio da revolução violenta e não por meio do "definhamento". A apologia que Engels faz da revolução violenta está plenamente de acordo com as numerosas declarações, altivas e categóricas, de Marx (lembremo-nos do final de *Miséria da Filosofia* e do *Manifesto do Partido Comunista*) sobre a inevitabilidade da revolução violenta; lembremo-nos da crítica ao programa de Gotha em 1875, quase 30 anos mais tarde, em que Marx flagela desapiedadamente o oportunismo. Essa apologia de Engels não é, decerto, o produto do "entusiasmo", nem das necessidades da declamação ou da polêmica. A essência de toda a doutrina de Marx e de Engels é a necessidade de inocular sistematicamente nas massas essa ideia da revolução violenta. É a omissão dessa propaganda, dessa agitação, que marca com mais relevo a traição doutrinária das tendências social-chauvinistas e kautskistas.

A substituição do Estado burguês pelo Estado proletário não é possível sem uma revolução violenta. A abolição do Estado proletário, isto é, a abolição de todo e qualquer Estado, só é possível pelo "definhamento".

Marx e Engels desenvolveram essa teoria por uma forma detalhada e concreta, estudando separadamente cada situação revolucionária e analisando as lições fornecidas pela experiência de cada revolução em particular. Passemos a essa parte da sua doutrina, que é, evidentemente, a mais importante.

II – A EXPERIÊNCIA DE 1848-1851

1. Às vésperas da revolução

As primeiras obras do marxismo adulto, *Miséria da Filosofia* e *Manifesto do Partido Comunista*, aparecem nas vésperas da revolução de 1848. Em consequência dessa circunstância, além da exposição dos princípios gerais do marxismo, temos nelas, até certo ponto, um reflexo da situação revolucionária de então; assim, creio que será mais acertado estudar o que os nossos autores dizem do Estado, antes de examinarmos as suas conclusões da experiência dos anos de 1848-1851.

Em lugar da velha sociedade civil – escreve Marx na *Miséria da Filosofia* – a classe trabalhadora, no curso do seu desenvolvimento, instituirá uma associação onde não existirão as classes nem os seus antagonismos; e, desde então, não haverá mais poder político propriamente dito, pois o poder político é precisamente o resumo oficial do antagonismo existente na sociedade civil.

É instrutivo aproximar desta exposição geral da ideia do desaparecimento do Estado a exposição feita no *Manifesto do Partido Comunista*, escrito por Marx e Engels alguns meses mais tarde, em novembro de 1847:

> Esboçando a largos traços as fases do desenvolvimento proletário, expusemos a história da guerra civil, mais ou menos latente na sociedade, até a hora em que se transforma em revolução aberta e em que o proletariado funda a sua dominação pela derrubada violenta da burguesia.

Como vimos acima, a primeira etapa da revolução operária é a constituição (literalmente: a elevação, *Erhebung*) do proletariado em classe dominante, a conquista da democracia.

> O proletariado aproveitará a sua supremacia política para arrancar, pouco a pouco, todo o capital da burguesia, para centralizar todos os instrumentos de produção nas mãos do Estado, isto é, do proletariado organizado como classe dominante, e para aumentar o mais rapidamente possível a quantidade das forças produtoras.

Vemos aqui formulada uma das mais notáveis e importantes ideias do marxismo a propósito do Estado, ou seja, a da "ditadura do proletariado" (como Marx e Engels, depois da Comuna de Paris, iriam chamá-la); encontramos, depois, uma definição altamente interessante do Estado, que faz parte, também, das "palavras esquecidas" do marxismo: "o Estado, isto é, o proletariado organizado como classe dominante".

Essa definição do Estado nunca foi comentada na literatura de propaganda e de agitação dos partidos social-democratas oficiais. Ainda mais: foi esquecida precisamente por ser inconciliável com o reformismo e absolutamente contrária aos preconceitos oportunistas habituais e às ilusões burguesas sobre o "desenvolvimento pacífico da democracia".

O proletariado tem necessidade de um Estado, repisam todos os oportunistas, os social-chauvinistas e os kautskistas, afirmando ser essa a doutrina de Marx, mas "esquecendo-se" de acrescentar: primeiro, que o proletariado, segundo Marx, só tem necessidade de um Estado em definhamento, isto é, constituído de tal forma que comece sem demora a definhar e que não possa deixar de definhar; depois, que o Estado de que os trabalhadores precisam não é outra coisa senão "o proletariado organizado como classe dominante".

O Estado é a organização especial de uma força, da força destinada a subjugar determinada classe. Qual é, pois, a classe que o proletariado deve subjugar? Evidentemente, só a classe dos exploradores, a burguesia. Os trabalhadores só têm necessidade do Estado para quebrar a resistência dos exploradores, e só o proletariado tem envergadura para quebrá-la, porque o proletariado é a única classe revolucionária até o fim e capaz de unir todos os trabalhadores e todos os explorados na luta contra a burguesia, a fim de a suplantar definitivamente.

As classes exploradoras precisam da dominação política para a manutenção da exploração, no interesse egoísta de uma ínfima minoria contra a imensa maioria do povo. As classes exploradas precisam da dominação política para o completo aniquilamento de qualquer exploração, no interesse da imensa maioria do povo contra a ínfima minoria dos escravistas modernos, ou seja, os proprietários fundiários e os capitalistas.

Os democratas pequeno-burgueses, esses pseudossocialistas que substituíram a luta de classes por suas fantasias de harmonia entre as classes, fizeram da transformação socialista uma espécie de sonho: para eles, não se trata de derrubar a dominação da classe exploradora, mas de submeter paulatinamente à maioria a minoria consciente do seu papel. O único resultado dessa utopia pequeno-burguesa, indissoluvelmente ligada à ideia de um Estado por cima das classes, foi a traição dos interesses das classes trabalhadoras, como o provou a história das revoluções francesas de 1848 e de 1871, como o provou a experiência da participação "socialista" nos ministérios burgueses da Inglaterra, da França, da Itália e de outros países, no fim do século XIX e começo do XX.

O ESTADO E A REVOLUÇÃO

Marx lutou, durante toda a sua vida, contra o socialismo burguês, ressuscitado atualmente, na Rússia, pelos partidos socialista-revolucionário e menchevique. Marx, consequente consigo mesmo, aplicou a sua doutrina da luta de classes até na sua teoria do poder político e do Estado.

A derrocada da dominação da burguesia só é possível pelo proletariado, única classe cujas condições econômicas de existência a tornam capaz de preparar e realizar essa derrocada. O regime burguês, ao mesmo tempo em que fraciona, dissemina os camponeses e todas as camadas da pequena burguesia, concentra, une e organiza o proletariado. Em virtude do seu papel econômico na grande produção, só o proletariado é capaz de ser o guia de todos os trabalhadores e de todas as massas que, embora tão exploradas, escravizadas e esmagadas quanto ele, e mesmo mais do que ele, não são aptas para lutar independentemente por sua emancipação.

A doutrina da luta de classes, aplicada por Marx ao Estado e à revolução socialista, conduz fatalmente a reconhecer a supremacia política, a ditadura do proletariado, isto é, um poder proletário exercido sem partilha e apoiado diretamente na força das massas em armas. O derrubamento da burguesia só é realizável pela transformação do proletariado em classe dominante, capaz de dominar a resistência inevitável e desesperada da burguesia e de organizar todas as massas trabalhadoras exploradas para um novo regime econômico.

O proletariado precisa do poder político, da organização centralizada da força, da organização da violência, para reprimir a resistência dos exploradores e dirigir a enorme massa da população – os camponeses, a pequena burguesia, os semiproletários – na "edificação" da economia socialista.

Educando o partido operário, o marxismo forma a vanguarda do proletariado, capaz de tomar o poder e de conduzir todo o povo ao socialismo, capaz de dirigir e de organizar um novo regime, de ser o instrutor, o chefe e o guia de todos os trabalhadores, de todos os exploradores, para a criação de uma sociedade sem burguesia, e isso contra a burguesia. O oportunismo, ao contrário, desliga da massa e educa, apenas, no partido operário, os representantes dos trabalhadores mais bem retribuídos, que se "instalam" muito confortavelmente no regime capitalista e vendem por um prato de lentilhas o seu direito de primogenitura, isto é, renunciam ao papel de guias revolucionários do povo contra a burguesia.

"O Estado, isto é, o proletariado organizado como classe dominante" – essa teoria de Marx está indissoluvelmente ligada a todo o seu ensinamento sobre o papel revolucionário do proletariado na história. Esse papel tem como ponto culminante a ditadura proletária, a dominação política do proletariado.

Mas, se o proletariado precisa do Estado como de uma organização particular da violência contra a burguesia, é natural que se pergunte se uma tal organização é realizável sem o prévio aniquilamento, a destruição prévia da máquina governamental que a burguesia criou para o seu próprio uso. O *Manifesto do Partido Comunista* conduz a essa conclusão, e dela se ocupa Marx quando resume as lições da revolução de 1848-1851.

2. A experiência de uma revolução

A propósito da questão do Estado, e estudando os resultados da revolução de 1848-1851, Marx, faz, sobre o ponto que nos interessa, o seguinte raciocínio em *O 18 brumário de Luís Bonaparte*:

Mas a revolução vai ao fundo das coisas. Atualmente, o seu caminho passa ainda pelo purgatório. Faz a sua obra metodicamente. Até 2 de dezembro de 1851, só havia executado metade do seu trabalho preparatório; ocupa-se, agora, da outra metade. Começou por aperfeiçoar o poder parlamentar, para que fosse possível derrubá-lo. Atingido esse objetivo, passa a aperfeiçoar o poder executivo, reduzindo-o à expressão mais simples, fazendo dele o único culpado para poder concentrar contra ele todas as suas forças de destruição. E, quando tiver concluído a segunda metade da sua obra preparatória, a Europa se erguerá para gritar-lhe com entusiasmo: "Belo trabalho, minha toupeira".

O Estado e a Revolução

Esse poder executivo, com a sua imensa organização burocrática e militar, com o seu mecanismo complicado e artificial, esse exército de mais de meio milhão de funcionários, esse espantoso parasita, que, como uma rede, envolve o corpo da sociedade francesa e lhe tapa todos os poros, nasceu na época da monarquia absoluta, no declínio do feudalismo que ele ajudou a precipitar.

A primeira revolução francesa desenvolveu a centralização,

Mas, ao mesmo tempo, precisou aumentar a extensão, as atribuições e o número de auxiliares do poder governamental. Napoleão completou esse mecanismo. A monarquia legítima e a monarquia de julho nada lhe acrescentaram de novo, salvo uma maior divisão do trabalho [...]

Por fim, a república parlamentar, na sua luta contra a revolução, viu-se obrigada a reforçar, com suas medidas repressivas, os recursos e a centralização do poder governamental. Todas as subversões aperfeiçoaram essa máquina, em vez de a despedaçarem. Os partidos que, cada qual por seu turno, lutavam pela supremacia, viam no ato de posse desse enorme edifício a presa principal do vencedor.

Nesse notável raciocínio, o marxismo realiza um progresso considerável em relação ao *Manifesto do Partido Comunista*. A questão do Estado era ainda posta, no *Manifesto*, de uma forma muito abstrata, nos termos e expressões mais gerais. Aqui, a questão se põe concretamente e a dedução é inteiramente precisa, bem definida, praticamente tangível: todas as revoluções anteriores não fizeram senão aperfeiçoar a máquina governamental, quando o necessário é abatê-la, quebrá-la.

Essa decisão constitui o próprio fundo, o essencial da doutrina marxista sobre o Estado. E é precisamente essa coisa essencial que foi não só esquecida pelos partidos social-democratas oficiais dominantes, mas também desnaturada de maneira flagrante (como veremos adiante) pelo mais eminente teórico da Segunda Internacional, Karl Kautsky.

O *Manifesto do Partido Comunista* tira as lições gerais da história; essas lições nos fazem ver no Estado o órgão de dominação de uma classe e nos levam necessariamente à conclusão de que o proletariado não poderá derrubar a burguesia sem primeiro ter conquistado o poder político, sem primeiro ter assegurado sua própria dominação política e ter se "organizado em classe dominante" e se erigido em Estado – e esse Estado proletário começará a definhar logo em seguida à sua vitória, porque, numa sociedade em que não existam os antagonismos de classes, o Estado é inútil e impossível.

A questão de saber em que consiste (do ponto de vista do desenvolvimento histórico) essa substituição do Estado burguês pelo Estado proletário não é levantada no *Manifesto*.

Marx colocou essa questão e a resolveu em 1852. Fiel à sua filosofia do materialismo dialético, funda sua doutrina na experiência histórica dos grandes anos revolucionários: 1848-1851. Como sempre, a doutrina de Marx é aqui um resumo das lições da experiência, iluminadas por uma concepção filosófica profunda e um rico conhecimento da história.

A questão do Estado se põe concretamente: como nasceram, historicamente, o Estado burguês e a máquina governamental necessária à dominação da burguesia? Quais têm sido as suas transformações no curso das revoluções burguesas e em presença dos movimentos de independência das classes escravizadas? Qual é o papel do proletariado em relação a essa máquina governamental?

O poder centralizado do Estado, característico da sociedade burguesa, nasceu na época da queda do absolutismo. As duas instituições mais típicas dessa máquina governamental são a burocracia e o exército permanente. Marx e Engels falam várias vezes, em suas obras, das inúmeras ligações dessas instituições com a burguesia. A experiência, com um vigor e um relevo surpreendentes, faz com que cada trabalhador conheça essa ligação. A classe operária aprende a conhecê-la à sua própria custa. É por isso que compreende tão facilmente e assimila tão bem a ciência que proclama a inevitabilidade desses laços, ciência que os democratas burgueses renegam por ignorância e por irreflexão, quando não têm a leviandade ainda maior de a reconhecer "em geral", esquecendo-se de deduzir as consequências práticas.

A burocracia e o exército permanente são "parasitas" da sociedade burguesa, parasitas engendrados pelos antagonismos internos que esfacelam essa sociedade, parasitas que tapam os poros da vida. O oportunismo de Kautsky, que predomina atualmente na social-democracia oficial, considera essa teoria do Estado parasitário como própria dos anarquistas e somente dos anarquistas. Evidentemente, essa deformação do marxismo é altamente vantajosa para os pequeno-burgueses que mancharam o socialismo com uma nódoa indelével, levando-o a justificar a guerra imperialista com nome de guerra de "defesa nacional", mas nem por isso deixa de ser uma deformação incontestável.

Esse aparelho burocrático e militar se desenvolve, se aperfeiçoa e se consolida através das numerosas revoluções burguesas de que a Europa tem sido teatro desde a queda do feudalismo. É precisamente a pequena burguesia que se deixa atrair pela grande burguesia e subordinar-se a ela, graças a esse aparelho que dá às camadas superiores do campesinato, dos pequenos artesãos, dos comerciantes etc., empregos relativamente cômodos, tranquilos e honoríficos, cujos titulares se elevam acima do povo. Veja-se o que se passou na Rússia, durante seis meses, depois de 27 de fevereiro de 1917: os empregos públicos, outrora reservados para os ultrarreacionários, tornaram-se presa dos cadetes, dos mencheviques e dos socialistas-revolucionários. No fundo, não se pensava em nenhuma reforma séria; tudo se fazia por adiar as reformas "até a Assembleia Constituinte", e essa própria Assembleia Constituinte para depois da guerra! Mas, para repartir o despojo, para ocupar as sinecuras ministeriais, os subsecretariados de Estado, os postos de generais-governadores etc. etc., não se perdia tempo e não se esperava nenhuma Assembleia Constituinte! ... O jogo das combinações ministeriais não era senão a expressão desse "avanço" que se alastrava de alto a baixo, por todo o país, em toda a administração central ou local. O resultado objetivo de tudo isso, depois de seis meses – de 27 de fevereiro a 27 de agosto de 1917 – é incontestável: as reformas adiadas, a partilha dos empregos realizada, e os "erros" dessa partilha corrigidos por uma série de outras partilhas.

Mas, quanto mais se reparte o aparelho administrativo entre os partidos da grande e da pequena burguesia (cadetes, socialistas-revolucionários e mencheviques, para tomar como exemplo a Rússia), tanto mais evidente se torna para as classes oprimidas, proletariado à frente, a sua oposição inevitável a toda a sociedade burguesa. Daí a necessidade de todos os partidos burgueses, mesmo os mais democráticos, inclusive os "revolucionários-democráticos", aumentarem a repressão contra o proletariado revolucionário, reforçarem o aparelho de coerção, ou seja, precisamente a máquina governamental. O curso dos acontecimentos obriga, assim, a revolução a "concentrar todas as forças de destruição" contra o poder do Estado; impõe-lhe, não o melhoramento da máquina governamental, mas a tarefa de demoli-la, de destruí-la.

Não são deduções lógicas, mas o curso real dos acontecimentos, a rude experiência de 1848-1851, que fazem colocar assim o problema. Até que ponto e com que rigor Marx se apoia na experiência histórica, vê-se bem no fato de ele, ainda em 1852, não levantar concretamente a questão de saber pelo que substituir essa máquina governamental que é preciso aniquilar. A experiência ainda não havia respondido a essa pergunta, que a história só mais tarde, em 1871, pôs na ordem do dia. Em 1852, Marx podia apenas constatar, com a precisão da observação científica aplicada à história, que a revolução proletária iniciara a tarefa de "concentrar todas as suas forças de destruição" contra o poder do Estado, a tarefa de "quebrar" a máquina governamental.

Poderá se perguntar se estamos no direito de generalizar a experiência, as observações e as conclusões de Marx e aplicá-las a um período mais largo do que a história da França de 1848 a 1851.

Recordemos primeiro, a esse respeito, uma observação de Engels. Passaremos em seguida ao exame dos fatos.

A França – escrevia Engels no prefácio da terceira edição de *O 18 brumário de Luís Bonaparte* – é o país onde, mais do que em qualquer outro, as lutas históricas das classes têm tido combates decisivos. É o país onde as formas políticas sucessivas assumem o aspecto mais característico, formas essas em cujos limites se produzem aqueles combates e em que se resumem os resultados dos mesmos. Centro do feudalismo na Idade Média, país clássico da monarquia unitária, desde a época da Renascença, a França arruinou o feudalismo, desde a época de sua grande revolução, e deu ao predomínio da burguesia um caráter de pureza clássica que nenhum país atingiu na Europa. Do mesmo modo, a luta do proletariado, em seu despertar, contra a burguesia dominante adquire uma acuidade desconhecida nos outros países.

Essa última observação envelheceu, pois, após 1871, houve uma interrupção na luta revolucionária do proletariado francês; contudo, essa interrupção, por longa que tenha sido, não exclui de forma alguma a possibilidade de a França, no curso da futura revolução proletária, revelar-se novamente como o país clássico da luta de classes a todo o transe.

Lancemos um olhar de conjunto sobre a história dos países civilizados nos fins do século XIX e começo do século XX.

Veremos que, mais lentamente, com modalidades mais variadas e num teatro mais amplo, se operam: de um lado, o mesmo processo de elaboração do "poder parlamentar", tanto nos países republicanos, França, América, Suíça, quanto nas monarquias, Inglaterra, Alemanha até um certo ponto, Itália, os países escandinavos etc.; de outro lado, o processo de luta pelo poder dos diferentes partidos burgueses ou pequeno-burgueses, que dividem entre si os empregos públicos, como um despojo, enquanto os fundamentos do regime burguês se mantêm imutáveis; por fim, o processo de aperfeiçoamento e consolidação do "poder executivo" com o seu aparelho burocrático e militar.

Sem dúvida, são esses os traços comuns de toda a evolução moderna dos Estados capitalistas. Em três anos, de 1848 a 1851, a França, sob uma forma nítida e concentrada, mostrou, na sua rápida sucessão, todos os processos característicos do mundo capitalista.

O imperialismo – época do capital bancário, época dos gigantescos monopólios capitalistas, época em que o capitalismo dos monopólios se transforma, por via de crescimento, em capitalismo de monopólios de Estado – mostra, em particular, a extraordinária consolidação da "máquina governamental", o inaudito crescimento do seu aparelho administrativo e militar, ao mesmo tempo em que se multiplicam as repressões contra o proletariado, tanto nos países monárquicos quanto nos mais livres países republicanos.

A história universal leva-nos, indubitavelmente e numa escala incomparavelmente mais vasta que em 1852, à "concentração de todas as forças" da revolução proletária, com o objetivo da "destruição" da máquina do Estado.

Por que coisa a substituirá o proletariado? A Comuna de Paris forneceu-nos a esse respeito os elementos mais instrutivos.

3. Como Marx expunha a questão em 1852

Mehring publicava, em 1907, na *Neue Zeit* (XXV, 2, 164), extratos de uma carta de Marx a Weidemeyer, de 5 de março de 1852. Essa carta encerra, entre outras, esta notável passagem:

> No que me concerne, eu não tenho o mérito de ter descoberto a existência das classes na sociedade contemporânea, nem o de ter descoberto a luta dessas classes entre si. Os historiadores burgueses expuseram, muito antes de mim, o desenvolvimento histórico dessa luta de classes, e os economistas burgueses a anatomia econômica das classes. O que eu fiz de novo consiste na demonstração seguinte: 1º) que a existência das classes só se prende a certas batalhas históricas relacionadas com o desenvolvimento da produção (*historische Entwickelungskampfe der Produktion*); 2º) que a luta das classes conduz necessariamente à ditadura do proletariado; 3º) que essa própria

ditadura é apenas a transição para a supressão de todas as classes e para a formação de uma sociedade sem classes.

Marx conseguiu exprimir nessas linhas, com surpreendente relevo, o que distingue radicalmente a sua doutrina da dos pensadores mais avançados e mais profundos da burguesia e o que a torna fundamental na questão do Estado.

A luta de classes é o essencial na doutrina de Marx. É, pelo menos, o que se escreve e o que se diz frequentemente. Mas, é inexato. Deformações oportunistas do marxismo, falsificações do marxismo tendentes a adaptá-lo às necessidades da burguesia, são frequentes como resultado dessa inexatidão. A doutrina da luta de classes foi concebida não por Marx, mas pela burguesia antes de Marx e, de maneira geral, é aceitável para a burguesia. Quem só reconhece a luta de classes não é ainda marxista e pode muito bem não sair dos quadros do pensamento burguês e da política burguesa. Limitar o marxismo à luta de classes é truncá-lo, reduzi-lo ao que é aceitável para a burguesia. Só é marxista aquele que estende o reconhecimento da luta de classes ao reconhecimento da ditadura do proletariado. A diferença mais profunda entre o marxista e o pequeno (ou grande) burguês ordinário está aí. É sobre essa pedra de toque que é preciso experimentar a compreensão efetiva do marxismo e a adesão ao marxismo. Não é de se espantar que, quando a história da Europa levou a classe operária a abordar praticamente essa questão, todos os oportunistas e reformistas, e todos os "kautskistas" também (hesitantes entre o reformismo e o marxismo), se tenham revelado pobres filisteus e democratas pequeno-burgueses, negadores da ditadura do proletariado. A brochura de Kautsky – *A ditadura do proletariado* – aparecida em agosto de 1918, isto é, muito tempo depois da primeira edição da presente obra, nos oferece um modelo de deformação pequeno-burguesa do marxismo e, na realidade, de repúdio completo dessa doutrina, hipocritamente reconhecida da boca para fora (ver minha brochura *A revolução proletária e o renegado Kautsky,* 1918).

O oportunismo contemporâneo, encarnado por seu principal representante, o ex-marxista K. Kautsky, cai inteiramente sob a definição da atitude burguesa dada por Marx. Esse oportunismo circunscreve o reconhecimento da luta de classes à esfera das relações da sociedade burguesa. (Não há liberal instruído que não consinta em admitir "em princípio", nesses limites, a luta de classes!) O oportunismo não leva o reconhecimento da luta de classes até o essencial, até o período de transição do capitalismo ao comunismo, até o período de subversão da burguesia e do seu completo aniquilamento. Na realidade, esse período é, inevitavelmente, o de uma luta de classes extremamente encarniçada, revestindo uma acuidade ainda desconhecida. O Estado dessa época deve ser, pois, um Estado democrático (para os proletários e os não-possuidores em geral) inovador e um Estado ditatorial (contra a burguesia) igualmente inovador.

Ainda mais. O fundo da doutrina de Marx sobre o Estado só foi assimilado pelos que compreenderam que a ditadura de uma classe é necessária, não só a toda sociedade dividida em classes, em geral, não só ao proletariado vitorioso sobre a burguesia, mas ainda em todo o período histórico que separa o capitalismo da "sociedade sem classes", do comunismo. As formas dos Estados burgueses são as mais variadas; mas a sua natureza fundamental é invariável: todos esses Estados se reduzem, de um modo ou de outro, mas obrigatoriamente, afinal de contas, à ditadura da burguesia. A passagem do capitalismo para o comunismo não pode deixar, naturalmente, de suscitar um grande número de formas políticas variadas, cuja natureza fundamental, porém, será igualmente inevitável: a ditadura do proletariado.

III – O ESTADO E A REVOLUÇÃO
A EXPERIÊNCIA DA COMUNA DE PARIS (1871)
ANÁLISE DE MARX

1. Onde reside o heroísmo da tentativa dos comunardos

Como se sabe, alguns meses antes da Comuna, no outono de 1870, Marx, pondo de sobreaviso os operários parisienses contra o perigo, demonstrava-lhes que qualquer tentativa para derrubar o governo era uma tolice ditada pelo desespero. Mas quando, em março de 1871, a batalha decisiva foi imposta aos operários e estes a aceitaram, quando a insurreição se tornou um fato consumado, Marx saudou com entusiasmo a revolução proletária. Apesar dos seus sinistros prognósticos, Marx não condenou de forma pedante um movimento "prematuro", como o fez o renegado russo do marxismo Plekhanov, de triste memória, cujos escritos instigadores encorajavam à luta os operários e camponeses em novembro de 1905, e que, depois de dezembro de 1905, gritava como um verdadeiro liberal: "Não deviam pegar em armas!"

Marx não se contentou em entusiasmar-se com o heroísmo dos comunardos, "tomando o céu de assalto" segundo a sua expressão.

Muito embora o movimento revolucionário das massas falhasse ao seu objetivo, Marx viu nele uma experiência histórica de enorme importância, um passo para a frente na revolução proletária universal, uma tentativa prática mais importante do que centenas de programas e argumentos. Analisar essa experiência, colher nela lições de tática e submeter à prova a sua teoria, eis a tarefa que Marx se impôs.

A única "correção" que Marx julgou necessário introduzir no *Manifesto do Partido Comunista*, ele a fez, segundo a experiência revolucionária dos comunardos de Paris. O último prefácio à nova edição alemã do *Manifesto do Partido Comunista*, assinado conjuntamente pelos dois autores, é datado de 24 de junho de 1872. Karl Marx e Friedrich Engels dizem ali que o programa do *Manifesto* "está hoje envelhecido em alguns pontos".

A Comuna, especialmente, demonstrou que "não basta a classe operária se apoderar da máquina do Estado para adaptá-la aos seus próprios fins".

As últimas palavras entre aspas dessa citação foram tiradas da obra de Marx: *A guerra civil na França*. Assim, Marx e Engels atribuíam tão grande importância a uma das lições fundamentais da Comuna, que a introduziram, como modificação essencial, no *Manifesto do Partido Comunista*.

É bastante característico que seja justamente essa modificação essencial o que os oportunistas deturpam, a tal ponto que sem dúvida os nove décimos, se não os noventa e nove centésimos dos leitores do *Manifesto,* não perceberam seu alcance. Dessa deformação falaremos num dos capítulos seguintes, consagrado especialmente às deformações. Aqui, bastará salientar a "interpretação" corrente, vulgar, da famosa fórmula de Marx por nós citada, segundo a qual a ideia acentuada por Marx seria a do desenvolvimento lento em oposição à conquista do poder etc.

Na realidade, é justamente o contrário. A ideia de Marx é que a classe operária deve quebrar, destruir a "máquina do Estado", não se limitando apenas a se assenhorear dela.

Em 12 de abril de 1871, isto é, precisamente durante a Comuna, Marx escrevia a Kugelmann:

Releia o último capítulo do meu *O 18 brumário*. Afirmo que a revolução na França deve tentar, antes de tudo, não passar para outras mãos a máquina burocrática e militar – como se tem feito até aqui – mas destruí-la (*zerbrechen:* a palavra é grifada por Marx no original). Eis a condição preliminar para qualquer revolução popular do continente. Eis também o que tentaram os nossos heroicos camaradas de Paris (*Neue Zeit*, XX, 1, 1901-1902, p. 709).*

Essas palavras – "destruir a máquina burocrática e militar do Estado" – condensam a grande lição do marxismo a propósito do papel do proletariado revolucionário com relação ao Estado. E é precisamente esta lição que se esquece completamente e que a "interpretação" dominante do marxismo, obra de Kautsky, deturpa completamente!

Quanto a *O 18 brumário*, já anteriormente citamos por extenso a passagem a que se refere Marx.

Nessa passagem, há principalmente dois pontos que assinalar. Primeiro, ele torna extensiva a sua conclusão apenas ao continente. Isso se compreendia em 1871, quando a Inglaterra era ainda um modelo de país puramente capitalista, mas sem militarismo e, até certo ponto, sem burocracia. Eis por que Marx excluiu a Inglaterra, onde a revolução, e mesmo a revolução popular, parecia possível, e o era, sem a destruição prévia da "máquina do Estado".

Em 1917, na época da primeira guerra imperialista, essa restrição de Marx cai: a Inglaterra e os Estados Unidos, os maiores e últimos representantes no mundo da "liberdade" anglo-saxônica, sem militarismo e sem burocracia, se atolam completamente no pântano infecto e sangrento das instituições burocráticas e militares à europeia, onde tudo é oprimido, tudo é esmagado. Atualmente,

---

* As cartas de Marx a Kugelmann foram publicadas em russo, em duas edições pelo menos, sendo uma revista e prefaciada por mim.

tanto na Inglaterra quanto na América, "a condição prévia para uma revolução verdadeiramente popular" é igualmente a desmontagem, a destruição da "máquina do Estado" (levada, de 1914 a 1917, a uma perfeição europeia, imperialista).

Em segundo lugar, o que merece uma atenção especial é essa profunda observação de Marx de que a destruição da máquina burocrática e militar do Estado é a "condição prévia de qualquer revolução verdadeiramente popular". Essa expressão – "revolução popular" – parece surpreendente na boca de Marx, e os adeptos de Plekhanov na Rússia, assim como os mencheviques, esses discípulos de Struve, desejosos de passar por marxistas, poderiam tomá-la por um "engano". Reduziram o marxismo a uma doutrina tão mesquinhamente liberal que, afora a antítese – revolução burguesa e revolução proletária – nada existe para eles e, ainda assim, só concebem essa antítese como uma coisa já morta.

Se tomarmos para exemplo as revoluções do século XX, temos de reconhecer que as revoluções portuguesa e turca foram revoluções burguesas. Mas nem uma nem outra foram "populares". De fato, a massa do povo, a grande maioria, com as suas exigências econômicas e políticas próprias, não fez sentir a sua influência nem numa nem noutra. Em compensação, a revolução burguesa na Rússia em 1905-1907, sem ter tido os "brilhantes" resultados da portuguesa e da turca, foi, sem contestação, uma revolução "verdadeiramente popular"; aqui, a massa do povo, a sua maioria, as suas camadas sociais "inferiores", esmagadas sob o jugo da exploração, sublevaram-se espontaneamente e imprimiram a todo o curso da revolução o cunho das suas exigências, das suas tentativas para reconstruir à sua maneira uma nova sociedade no lugar da antiga em vias de destruição.

Em nenhum dos países da Europa continental de 1871 a maioria do povo era constituída pelo proletariado. A revolução capaz de arrastar a maioria do movimento só poderia ser "popular" com a condição de englobar o proletariado e os camponeses. Essas duas classes constituíam, então, "o povo". Essas duas classes são solidárias, visto que a "máquina burocrática e militar do Estado" as oprime, as esmaga e as explora. Quebrar essa máquina, demoli-la, tal é o objetivo prático do "povo", da sua maioria, dos operários e dos camponeses; tal é a "condição prévia" da aliança livre dos camponeses mais pobres e do proletariado. Sem essa aliança, não há democracia sólida nem transformação social possível.

Era para essa aliança, como se sabe, que tendia a Comuna de Paris, que falhou por uma série de razões de ordem interna e externa.

Ao falar de uma "revolução verdadeiramente popular", sem esquecer as particularidades da pequena burguesia, a que muitas vezes e largamente se referiu, Marx media rigorosamente as relações de forças sociais na maioria dos Estados continentais da Europa, em 1871. Por outro lado, constatava que os operários e camponeses são igualmente interessados em quebrar a máquina do Estado e em se coligarem para o objetivo comum de suprimir o "parasita" e de substituí-lo por alguma coisa de novo. E o que é isso?

2. Pelo que deve ser substituída a máquina do Estado, depois de destruída?

No *Manifesto do Partido Comunista*, em 1847, Marx ainda não dava a essa pergunta senão uma resposta completamente abstrata; ou melhor, limitava-se a enunciar o problema sem precisar os meios de resolvê-lo. Substituir a máquina do Estado pela "organização do proletariado como classe dominante", pela "conquista da democracia", tal era a resposta.

Para não cair na utopia, Marx esperava da experiência de um movimento de massas a resposta à questão de saber que formas concretas tomaria essa organização do proletariado em classe dominante e de que modo essa organização se conciliaria com uma inteira e metódica "conquista de democracia".

Na *Guerra civil na França*, Marx submete a uma análise das mais atentas a experiência da Comuna, malgrado a debilidade desta. Citaremos os pontos principais dessa obra:

No século XIX desenvolvia-se, transmitido pela Idade Média,

O poder centralizado do Estado, com os seus órgãos onipresentes: exército permanente, polícia, burocracia, clero, magistratura.

Graças ao desenvolvimento do antagonismo de classes entre o capital e o trabalho,

o poder do Estado assumiu cada vez mais o caráter de uma força pública organizada para a servidão social, de um instrumento de despotismo de uma classe. Toda revolução que marque uma etapa da luta de classes ressalta, com um relevo cada vez maior, o caráter repressivo do poder do Estado.

Depois da revolução de 1848-1849, o poder do Estado torna-se "o grande instrumento nacional da guerra do capital contra o trabalho". O Segundo Império não fez senão consolidá-lo.

"A Comuna foi a antípoda do Império". Foi uma forma "positiva", uma "república que devia suprimir não só a forma monárquica da dominação de uma classe, mas também essa própria dominação".

Em que consistia essa forma "positiva" de república proletária socialista? Que espécie de Estado começou a Comuna a criar?

O primeiro decreto da Comuna suprimiu, pois, o exército permanente e substituiu-o pelo povo armado.

Essa reivindicação encontra-se, hoje, no programa de todos os partidos que se dizem socialistas. Mas, vê-se o que valem os programas dos nossos mencheviques, que, após a revolução de março, se recusaram precisamente a satisfazer essa reivindicação.

A Comuna foi constituída por conselheiros municipais eleitos por sufrágio universal nos diferentes bairros de Paris. Eram responsáveis e, a todo tempo, amovíveis. A maioria compunha-se, muito naturalmente, de operários ou de representantes reconhecidos da classe operária.

A polícia, até então agente do governo central, foi imediatamente despojada das suas atribuições políticas, tornando-se um agente responsável e sempre amovível da Comuna. O mesmo princípio foi aplicado a todos os funcionários da administração. A começar pelos membros da Comuna, até embaixo, a remuneração do serviço público não devia ser superior a um salário normal de operário. Os direitos adquiridos e os direitos de representação dos altos titulares do Estado desapareceram com esses mesmos títulos...

Suprimidos o exército permanente e a polícia, elementos da força material do antigo governo, a Comuna decidiu destruir a força espiritual de repressão, o poder dos padres...

> Os magistrados deviam perder a sua aparente independência [...] Como os demais servidores do povo, os magistrados e os juizes deviam ser eleitos, responsáveis e amovíveis.

Assim, a Comuna "contentava-se, por assim dizer, em substituir a máquina do Estado destruída por uma democracia mais completa: supressão do exército permanente, elegibilidade e amovibilidade de todos os funcionários. Na realidade, ela "contentava-se", assim, em substituir – obra gigantesca – certas instituições por outras instituições essencialmente diferentes. É esse, justamente, um caso de "transformação de quantidade em qualidade": a democracia, realizada tão plenamente e tão metodicamente quanto é possível sonhar-se, tornou-se proletária, de burguesa que era; o Estado (essa força destinada a oprimir uma classe) transformou-se numa coisa que já não é, propriamente falando, o Estado.

Derrotar a burguesia e quebrar a sua resistência não deixa de ser, por isso, uma necessidade. Para a Comuna, isso era particularmente necessário, e uma das causas da sua derrota foi não se ter lançado a fundo nessa tarefa. Mas, na Comuna, o órgão de repressão era a maioria da população e não mais a minoria, como fora sempre o caso ao tempo da escravidão, da servidão e do salariato. Ora, uma vez que é a própria maioria do povo que oprime os seus opressores, já não há necessidade de uma "força especial" de repressão! É nesse sentido que o Estado começa a definhar. Em lugar de instituições especiais de uma minoria privilegiada (funcionários civis, chefes do exército permanente), a própria maioria pode desempenhar diretamente as funções do poder político; e, quanto mais o próprio povo assumir essas funções, tanto menos se fará sentir a necessidade desse poder.

A esse respeito, é particularmente notável uma das medidas tomadas pela Comuna e salientada por Marx: supressão de todas as despesas de representação, supressão dos privilégios pecuniários dos funcionários, redução de "todos" os ordenados administrativos ao nível do "salário operário". É nisso que mais se faz sentir a passagem brusca da democracia burguesa para a democracia proletária, a passagem da democracia dos opressores para a democracia dos oprimidos, a passagem da dominação de uma "força especial" destinada à opressão de determinada classe para o esmagamento dos opressores pelas forças combinadas da maioria do povo, dos operários e dos camponeses. E é precisamente nesse ponto, o mais importante, o mais indiscutível, talvez, da questão do Estado, que os ensinamentos de Marx foram mais esquecidos! Os inúmeros comentários dos vulgarizadores não tocam nele! É "costume" calarem-se sobre o assunto, como se fora uma "ingenuidade" antiquada, exatamente como os cristãos, uma vez o seu culto tornado religião de Estado, se "esqueceram" das "ingenuidades" do cristianismo primitivo e do seu espírito democrático revolucionário.

A redução geral dos vencimentos dos altos funcionários parece a "simples" exigência de um democratismo ingênuo e primitivo. Um dos fundadores do oportunismo moderno, o ex-social-democrata Eduard Bernstein, muitas vezes exercitou-se em repetir as medíocres zombarias burguesas contra o democratismo "primitivo". Como todos os oportunistas e como os kautskistas do nosso tempo, Bernstein absolutamente não compreendeu que a passagem do capitalismo ao socialismo é impossível sem um certo "regresso" ao democratismo "primitivo": como podem, de outro modo, ser desempenhadas as funções do Estado pela maioria da população e pela população toda? Em seguida, não viu ele que o "democratismo primitivo", na base do capitalismo e da civilização capitalista, difere do democratismo primitivo das épocas antigas ou pré-capitalistas. A civilização capitalista criou a grande produção, as fábricas, as estradas de ferro, o correio, o telefone etc.; ora, nessa base, a grande maioria das funções do velho "poder do Estado" tem-se por tal forma simplificado e pode ser reduzida a operações tão simples de registro, de inscrição, de fiscalização, que essas funções se tornarão inteiramente acessíveis a todos os cidadãos de instrução primária, mediante o "salário habitual", e podem e devem perder até o último vestígio de caráter privilegiado e "hierárquico".

Elegibilidade absoluta, amovibilidade, em qualquer tempo, de todos os empregos sem exceção, redução dos vencimentos ao nível do salário operário habitual – essas medidas democráticas, simples e evidentes por si mesmas, solidarizando os interesses dos operários e da maioria dos camponeses, servem, ao mesmo tempo, de ponte entre o capitalismo e o socialismo. Essas medidas reformistas são de ordem puramente governamental e política e, naturalmente, não atingem todo o seu significado e todo o seu alcance senão com a "expropriação dos expropriadores" preparada ou realizada, isto é, com a socialização da propriedade privada capitalista dos meios de produção.

A Comuna – escrevia Marx – realizou o governo barato, essa esparrela em que caem todas as revoluções burguesas, suprimindo o exército permanente e os funcionários do Estado.

Entre os camponeses, como nas outras camadas da pequena burguesia, só uma ínfima minoria consegue "subir" e "vencer", no sentido burguês da palavra – isto é, só poucos indivíduos chegam a uma situação abastada, de burgueses ou funcionários garantidos e privilegiados. A imensa maioria dos camponeses, não importa em que país capitalista onde exista campesinato (e é o caso mais frequente), é oprimida pelo governo e aspira a derrubá-lo, para instalar, enfim, um governo "barato". É essa uma ação que só o proletariado pode realizar, dando assim um passo para a transformação socialista do Estado.

3. Supressão do parlamentarismo

A Comuna, disse Marx, devia ser, não uma corporação parlamentar, mas sim uma corporação de trabalho, ao mesmo tempo legislativa e executiva [...] Em lugar de resolver, de três em três ou de seis em seis anos, qual o membro da classe dominante que deverá "representar" o povo no Parlamento, o sufrágio universal devia servir ao povo constituído em comunas para recrutar, ao seu serviço, operários, contramestres, guarda-livros, da mesma forma que o sufrágio individual serve a qualquer industrial, na sua procura de operários ou contramestres.

Essa observação crítica ao parlamentarismo, feita em 1871, deve à hegemonia do social-chauvinismo e do oportunismo a sua inclusão entre as "páginas esquecidas" do marxismo. Ministros e parlamentares de profissão, renegados do proletariado e socialistas "de negócios" contemporâneos deixaram aos anarquistas o monopólio da crítica ao parlamentarismo e classificaram de "anarquista" toda crítica ao parlamentarismo! Não é, pois, de admirar que o proletariado dos países parlamentares "adiantados", enjoado dos socialistas de marca de Scheidemann, David, Legien, Sembat, Renaudel, Henderson, Vandervelde, Stauning, Branting, Bissolati e cia., tenha reservado cada vez mais as suas simpatias para o anarcossindicalismo, muito embora seja este irmão do oportunismo.

A dialética revolucionária nunca foi para Marx a fraseologia da moda, a frioleira que dela fizeram Plekhanov, Kautsky e outros. Marx soube romper impiedosamente com o anarquismo, pela impotência deste em utilizar-se até mesmo da "estrebaria" do parlamentarismo burguês, principalmente quando a situação não é, de forma alguma, revolucionária; mas, ao mesmo tempo, soube fazer uma crítica verdadeiramente revolucionária e proletária ao parlamentarismo.

Decidir periodicamente, para um certo número de anos, qual o membro da classe dominante que há de oprimir e esmagar o povo no Parlamento, eis a própria essência do parlamentarismo burguês, não somente nas monarquias parlamentares constitucionais, como também nas repúblicas mais democráticas.

Entretanto, se se põe a questão do Estado, se se encara o parlamentarismo como uma das instituições do Estado, como sair do parlamentarismo, do ponto de vista da ação do proletariado nesse domínio, e como dispensá-lo?

Devemos repeti-lo ainda uma vez: os ensinamentos de Marx baseados no estudo da Comuna acham-se tão bem esquecidos que o social-democrata contemporâneo (leia-se: o renegado contemporâneo do socialismo) é incapaz de conceber outra crítica do parlamentarismo que não seja a crítica anarquista ou reacionária.

O meio de sair do parlamentarismo não é, certamente, anular as instituições representativas e a elegibilidade, mas sim transformar esses moinhos de palavras que são as assembleias representativas em assembleias capazes de "trabalhar" verdadeiramente. A Comuna devia ser uma assembleia, "não parlamentar, mas trabalhadora", ao mesmo tempo legislativa e executiva.

Numa assembleia "não parlamentar, mas trabalhadora" – escutem bem, seus "totós" parlamentares da social-democracia moderna! Reparem em qualquer país de parlamentarismo, desde a América à Suíça, desde a França à Noruega etc. – a verdadeira tarefa "governamental" é feita por detrás dos bastidores e são os ministérios, as secretarias, os estados-maiores que a fazem. Nos Parlamentos, só se faz tagarelar, com o único intuito de enganar a "plebe". Tanto isso é verdade que, mesmo na república burguesa democrática, todos esses pecados do parlamentarismo já se fazem sentir, antes mesmo que a república tenha conseguido criar um verdadeiro Parlamento. Os heróis da pequena burguesia apodrecida, os Skobelev e os Tseretelli, os Tchernov e os Avksentiev, conseguiram gangrenar até os sovietes, à maneira do mais repugnante parlamentarismo burguês, fazendo deles moinhos de palavras. Nos sovietes, os srs. ministros "socialistas" enganam os mujiques de boa fé com a sua fraseologia e as suas resoluções. É uma quadrilha governamental permanente, para reunir, por um lado, em volta do "bolo" dos empregos lucrativos e honoríficos, o maior número possível de socialistas-revolucionários e de mencheviques, e, por outro lado, para "distrair" o povo. Enquanto isso, a tarefa "governamental" vai-se fazendo nas secretarias e nos estados-maiores.

O *Dielo Naroda*, órgão do partido socialista-revolucionário, num editorial recentemente publicado, confessa, com a incomparável franqueza da gente da "boa sociedade" caída na prostituição política, que, mesmo nos ministérios pertencentes aos "socialistas" (desculpem a expressão!), todo o aparelho administrativo funciona como antigamente, que nada ali mudou e que as reformas revolucionárias são sabotadas com plena "liberdade". Mas, mesmo sem essa confissão, acaso a história da participação dos socialistas-revolucionários e dos mencheviques no governo não é a melhor prova disso? E o que é característico é que, ocupando os ministérios ao lado dos cadetes, os srs. Tchernov, Russanov, Zenzinov e outros redatores do *Dielo Naroda* levam a imprudência a ponto de contar publicamente e sem corar, como se fora uma coisa sem consequências, que nos seus ministérios nada mudou! Fraseologia revolucionário-democrática para enganar os camponeses ingênuos e a morosidade burocrática para agradar os capitalistas, eis o fundo da "leal" coligação ministerial.

Esse parlamentarismo venal e putrefato da sociedade burguesa, a Comuna o substitui por instituições nas quais a liberdade de discussão e de exame não degenera em intrujice; os próprios mandatários devem trabalhar e eles mesmos fazer executar as suas leis, verificar os resultados obtidos e responder diretamente perante os seus eleitores. As instituições representativas são mantidas, mas já não há parlamentarismo como sistema especial, como divisão do trabalho legislativo e executivo, como situação privilegiada para os deputados. Não podemos fazer ideia de uma democracia, mesmo proletária, sem instituições representativas, mas podemos e devemos realizá-la sem parlamentarismo, se a crítica à sociedade burguesa não é, pelo menos para nós, uma palavra vã, se o nosso esforço para derrubar a dominação da burguesia é um esforço honesto e sincero e não uma expressão "eleitoral", destinada simplesmente a surripiar os votos dos operários, como sucede com os mencheviques e os socialistas-revolucionários, como sucede com os Scheidemann e os Legien, os Sembat e os Vandervelde.

É muito edificante ver que Marx, falando do gênero de administração que é necessário à Comuna e à democracia proletária, toma como termo de comparação os funcionários de "qualquer outro patrão", isto é, uma empresa capitalista comum, com os seus operários, contramestres e guarda-livros".

Não há a menor parcela de utopismo em Marx. Ele não inventa, não imagina, já prontinha, uma sociedade "nova". Não, ele estuda, como um processo de história natural, a gênese da nova sociedade saída da antiga, as formas intermediárias entre uma e outra. Baseia-se na experiência do movimento proletário e esforça-se por tirar dela lições práticas. "Vai à escola" da Comuna, como todos os grandes pensadores revolucionários que não hesitaram em entrar na escola dos grandes movimentos da classe oprimida, em lugar de pregar a esta uma "moral" pedante, como faz Plekhanov, quando diz: "Não deviam pegar em armas!", ou Tseretelli, quando diz: "Uma classe deve saber, por si mesma, limitar suas aspirações".

Não se trata de aniquilar a burocracia de uma só vez, até o fim e por toda parte. Eis onde estaria a utopia. Mas destruir sem demora a velha máquina administrativa, para começar imediatamente a construir uma nova, que permita suprimir gradualmente a burocracia; isso não é uma utopia, é a experiência da Comuna, é a tarefa primordial e imediata do proletariado revolucionário.

O socialismo simplifica as funções da administração do "Estado", permite que se suprima a "hierarquia", reduzindo tudo a uma organização dos proletários em classe dominante, que empregue, por conta da sociedade inteira, operários, contramestres e guarda-livros.

Não somos utopistas. Nunca "sonhamos" poder dispensar bruscamente, de um dia para outro, toda e qualquer administração, toda e qualquer subordinação; isso são sonhos anarquistas resultantes da incompreensão do papel da ditadura proletária, sonhos que nada têm de comum com o marxismo e que na realidade não servem senão para adiar a revolução socialista até que os homens venham a ser de outra essência. Não, nós queremos a revolução socialista com os homens tais como são hoje, não podendo dispensar nem a subordinação, nem o controle, nem os "contramestres", nem os "guarda-livros".

Mas é à vanguarda armada de todos os explorados e de todos os trabalhadores, é ao proletariado que eles devem subordinar-se. Pode-se e deve-se começar, imediatamente, de um dia para o outro, a substituir a "hierarquia" específica dos funcionários por simples cargos de "contramestres" e "guarda-livros", cargos já agora inteiramente acessíveis à população urbana, dado o grau do seu desenvolvimento geral, e fáceis de desempenhar "mediante um salário operário".

Organizemos a grande indústria, segundo os modelos que o capitalismo oferece. Organizemo-la nós mesmos, operários, seguros de nossa experiência operária, impondo uma disciplina rigorosa, uma disciplina de ferro, mantida pelo poder político dos trabalhadores armados; reduzamos os funcionários ao papel de simples executores da nossa vontade, responsáveis e amovíveis, ao papel de "contramestres" e "guarda-livros" modestamente pagos (conservando, evidentemente, os técnicos e especialistas de toda espécie e categoria); tal é a nossa tarefa proletária, tal é o modo por que deve começar a revolução proletária. Esse programa, aplicado na base da grande produção, acarreta por si mesmo o "definhamento" progressivo de toda a burocracia, o estabelecimento gradual de um regime inteiramente diferente da escravidão do assalariado, um regime no qual as funções, cada vez mais simplificadas, de fiscalização e contabilidade serão desempenhadas por todos, cada qual por seu turno, tornando-se depois um reflexo para, finalmente, desaparecer, na qualidade de funções especiais de uma categoria especial de indivíduos.

Mais ou menos em 1870, um espirituoso social-democrata alemão considerava o correio como um modelo de instituição socialista. Nada mais justo. Atualmente, o correio é uma administração organizada, segundo o tipo do monopólio de Estado capitalista. O imperialismo transforma, pouco a pouco, todos os trustes em organizações do mesmo tipo. Os "simples" trabalhadores, famintos e sobrecarregados de trabalho, continuam submetidos à burocracia burguesa. Mas o mecanismo da empresa social está pronto. Uma vez derrubados os capitalistas, uma vez quebrada, pela mão de ferro dos operários armados, a resistência dos seus exploradores, uma vez demolida a máquina burocrática do Estado atual, estaremos diante de um mecanismo admiravelmente aperfeiçoado, livre do "parasita", e que os próprios trabalhadores, unidos, podem muito bem pôr em funcionamento, contratando técnicos, contramestres e guarda-livros e pagando-lhes, a todos, pelo seu trabalho, como a todos os funcionários "públicos" em geral, um salário de operário. Eis a tarefa concreta, prática, imediatamente realizável em relação a todos os trustes, destinada a libertar da exploração os trabalhadores; esta tarefa já foi iniciada praticamente, no domínio governamental, pela Comuna de Paris. Devemos levar em conta essa experiência.

Toda a vida econômica organizada à maneira do correio, na qual os técnicos, os fiscais e os guarda-livros, todos os funcionários receberão um vencimento que não exceda o salário de um operário, sob a direção e o controle do proletariado armado – eis o nosso objetivo imediato. Eis o Estado, eis a base econômica de que necessitamos. Eis o que aniquilará o parlamentarismo, mantendo, no entanto, as instituições representativas; eis o que fará dessas instituições, atualmente prostituídas à burguesia, instituições a serviço das classes trabalhadoras.

4. Organização da unidade nacional

Num esboço de organizarão nacional que a Assembleia parisiense, toda entregue às necessidades da luta, não teve tempo de desenvolver, determinou-se que a Comuna deveria ser a forma política de todas as aldeias, mesmo as menores [...]

A "delegação nacional de Paris" seria eleita pelas Comunas. As funções, pouco numerosas, mas muito importantes, que ainda restariam para um governo central, não seriam suprimidas, como se disse erroneamente, mas, sim, preenchidas por agentes comunais e, por conseguinte, rigorosamente responsáveis.

A unidade da nação não devia ser destruída, mas, ao contrário, organizada, segundo a constituição comunal, e tornar-se uma realidade pela destruição do poder central, que pretendia ser a própria encarnação dessa unidade, independente da nação – da qual é apenas uma excrescência parasitária – e a ela superior. Ao mesmo tempo em que se amputavam os órgãos puramente repressivos do velho poder governamental, arrancavam-se suas funções a uma autoridade que usurpava a uma posição superior e se colocava acima da sociedade, para as entregá-las aos agentes responsáveis da própria sociedade.

Até que ponto os oportunistas da social-democracia contemporânea não compreenderam ou, melhor dizendo, não quiseram compreender essa demonstração de Marx, não há prova melhor do que o livro do renegado Bernstein, *Socialismo teórico e social-democracia prática*, com que ele adquiriu uma celebridade do mesmo quilate que a de Eróstrato. Precisamente a propósito dessa passagem de Marx, escreve Bernstein que aí se encontra:

a exposição de um programa que, em suas tendências políticas, se assemelha de modo notável ao federalismo – e mais adiante – enfim, apesar de todas as outras dessemelhanças entre Marx e o "pequeno-burguês" Proudhon – Bernstein escreve "pequeno-burguês" entre aspas, por ironia – a maneira de ver de ambos, a esse respeito, é quase idêntica. Sem dúvida – continua Bernstein –, a importância das municipalidades aumenta, mas parece-me duvidoso que o primeiro objetivo da democracia seja a dissolução (*Auflosung*) dos Estados modernos e uma metamorfose (*Umwandlung*) tão completa de sua estrutura como a imaginam Marx e Proudhon: formação de uma assembleia nacional de delegados das assembleias estaduais ou municipais, que, por sua vez, se comporiam de delegados das comunas, de sorte que as representações nacionais, na sua forma atual, desapareciam por completo.

É simplesmente monstruoso! Assimilar ideias de Marx sobre o aniquilamento do poder do Estado "parasita" com o federalismo de Proudhon! Mas, isso não se dá por inadvertência, pois nem mesmo ocorre à ideia do oportunista, que Marx trata aqui, não do federalismo em oposição ao centralismo, mas sim da demolição da velha máquina de Estado burguesa existente em todos os países burgueses.

O oportunista não pode fazer ideia senão do que vê em torno de si, no seu meio burguês de estagnação "reformista", como as "municipalidades"! Quanto à revolução do proletariado, ele já nem mesmo pensa nisso.

É ridículo. Mas, o mais curioso é que, nesse ponto, ninguém contraditou Bernstein. Muitos o refutaram, entre outros Plekhanov na Rússia e Kautsky na Europa ocidental, mas nem um nem outro notou essa deformação de Marx por Bernstein.

O oportunista anda tão esquecido de pensar revolucionariamente e de pensar na revolução, que vê "federalismo" em Marx, assim confundido com o fundador do anarquismo, Proudhon. E Kautsky, e Plekhanov, que pretendem ser marxistas ortodoxos e defender o marxismo revolucionário, calam-se! Eis uma das razões dessa extrema indigência de visão, comum aos kautskistas e oportunistas, sobre a diferença entre o marxismo e o anarquismo. Mas voltaremos ao assunto.

Nos comentários já citados de Marx sobre a experiência da Comuna, não há nem sombra de federalismo. Marx está de acordo com Proudhon precisamente num ponto que o oportunista Bernstein não vê; Marx afasta-se de Proudhon justamente ali onde Bernstein os vê de acordo. Marx está de acordo com Proudhon no fato de ambos serem pela "demolição" da máquina contemporânea do Estado. Essa analogia entre o marxismo e o anarquismo – o de Proudhon e de Bakunin – nem os oportunistas nem os kautskistas a querem ver, pois que, nesse ponto, eles mesmos se desviaram do marxismo.

Marx afasta-se, ao mesmo tempo, de Proudhon e de Bakunin precisamente na questão do federalismo (não falando na ditadura do proletariado). O federalismo deriva, em princípio, do ponto de vista pequeno-burguês do anarquismo. Marx é centralista, e, em todas as passagens dele citadas, não se pode encontrar a menor infidelidade ao centralismo. Só as pessoas imbuídas de uma "fé supersticiosa" no Estado é que podem tomar a destruição da máquina burguesa como destruição do centralismo.

Ora, se o proletariado e os camponeses mais pobres se apossam do poder político, organizando-se livremente em comum e coordenando a ação de todas as comunas para ferir o capital, destruir a resistência dos capitalistas, restituir a toda a nação, à sociedade inteira, a propriedade privada das estradas de ferro, das fábricas, da terra etc., não será isso centralismo? Não será isso o centralismo democrático mais lógico e, ainda melhor, um centralismo proletário?

Bernstein não concebe um centralismo voluntário, uma união voluntária das comunas em nação, uma fusão voluntária das comunas proletárias com o fito de destruir a dominação burguesa e a máquina de Estado burguesa. Bernstein, como bom filisteu, imagina o centralismo como qualquer coisa que, vinda de cima, só pode ser imposta e mantida pela burocracia e pelo militarismo.

Como prevendo que poderiam deturpar a sua doutrina, Marx acentua que é cometer conscientemente uma fraude acusar a Comuna de ter querido destruir a unidade da nação e suprimir o poder central. Marx emprega intencionalmente esta expressão: "organizar a unidade da nação", para opor o centralismo proletário, consciente, democrático, ao centralismo burguês, militar, burocrático.

Mas não há pior surdo do que o que não quer ouvir. Os oportunistas da social-democracia contemporânea não querem ouvir falar nem de destruir o poder do Estado nem de eliminar o parasita.

5. Destruição do Estado parasita

Já citamos Marx a este respeito. Só resta completar as citações. É sorte, em geral, de as criações históricas inteiramente novas serem tomadas, erroneamente, por cópias de outras formas mais antigas e até extintas da vida social, com as quais podem ter certas semelhanças. Assim, nessa nova Comuna que destrói (*bricht*) o poder do Estado, se quis ver a reprodução das comunas da Idade Média, uma federação de pequenos Estados, conforme o sonho de Montesquieu e dos girondinos, uma forma exagerada da antiga luta contra os abusos da centralização [...]

Na realidade, a constituição comunal teria restituído ao corpo social todas as forças até então absorvidas pelo Estado, parasita que se nutre da substância da sociedade e paralisa o seu livre movimento. Esse fato bastaria, por si só, para torná-la um ponto de partida da regeneração da França [...]

Na realidade, a constituição comunal colocava os produtores rurais sob a direção intelectual das capitais distritais, onde ela lhes daria, na pessoa dos operários, os guardiões naturais de seus interesses. A própria existência da Comuna implicava naturalmente na liberdade municipal; mas isso, não mais como controle do poder central, desde então suprimido.

"Destruição do poder central", essa "excrescência parasitária", "amputação", "demolição" desse poder central, "tornado agora supérfluo" – eis em que termos Marx fala do Estado, julgando e analisando a experiência da Comuna.

Há cerca de 50 anos que tudo isso foi escrito, e agora é quase necessário proceder a escavações para redescobrir e apresentar à consciência das massas esse marxismo genuíno. As conclusões tiradas por Marx da última grande revolução de seu tempo foram esquecidas justamente no momento das grandes revoluções modernas do proletariado.

A multiplicidade de interpretações a que a Comuna deu lugar e a multiplicidade de interesses que nela encontraram expressão provam que foi uma forma política inteiramente expansiva quando as formas anteriores eram expressamente repressivas. Eis o verdadeiro segredo: era ela, acima de tudo, um governo da classe operária; o resultado da luta entre a classe que produz e a classe que se apropria do produto daquela; a forma política, enfim encontrada, sob a qual era possível realizar-se a emancipação do trabalho.

Sem essa última condição, a constituição comunal teria sido uma impossibilidade e um logro.

Alguns utopistas têm-se preocupado em "pesquisar" as formas políticas sob as quais deverá produzir-se a transformação socialista da sociedade. Os anarquistas afastaram a questão das formas políticas em geral. Os oportunistas e a social-democracia contemporânea aceitaram as formas políticas burguesas do Estado democrático parlamentar como um limite intransponível; quebraram a cabeça de tanto se prosternar diante desse "santo dos santos" e taxaram de anarquismo todas as tentativas de destruí-lo.

De toda a história do socialismo e da luta política, Marx concluiu que o Estado está condenado a desaparecer, e que a forma transitória do Estado em vias de desaparecimento, a forma de transição do Estado para a ausência do Estado, será o "proletariado organizado como classe dominante". Quanto às formas políticas do futuro, Marx não se aventurou a descobri-las. Limitou-se à observação exata, à análise da história francesa e à conclusão que sobressaía do ano de 1851, isto é, que caminhamos para a destruição da máquina de Estado burguesa.

Quando o movimento revolucionário do proletariado surgiu em grande escala, apesar do seu insucesso, de sua efêmera existência e de sua espantosa fraqueza, Marx pôs-se a estudar as formas políticas que se tinham revelado.

A Comuna é a forma, "enfim encontrada" pela revolução proletária, sob a qual se efetuará a emancipação econômica do trabalho.

A Comuna é a primeira tentativa da revolução proletária de demolir a máquina de Estado burguesa; é a forma política, "enfim encontrada", que pode e deve substituir o que foi demolido.

Mais adiante, veremos que as revoluções russas de 1905 e 1917, num quadro diferente e em outras condições, não fazem senão continuar a obra da Comuna, confirmando a genial análise histórica de Marx.

IV – ESCLARECIMENTOS COMPLEMENTARES DE ENGELS

Marx elucidou, em princípio, o sentido da experiência da Comuna. Engels retomou várias vezes esse tema, completando a análise e as conclusões de Marx e esclarecendo, por vezes, outros aspectos da questão, com um tal vigor e relevo que devemos deter-nos sobre esses esclarecimentos.

1. O "problema da habitação"

No seu *Problema da Habitação* (1872), Engels baseia-se já na experiência da Comuna, detendo-se várias vezes sobre o papel da revolução em face do Estado. É interessante ver como, nessa matéria concreta, ele explica, de uma forma precisa, por um lado, os traços de semelhança entre o Estado proletário e o Estado atual, traços que permitem, num ponto ou noutro, falar-se em Estado; e, por outro lado, os traços que os contrapõem e que indicam a passagem para a supressão do Estado.

Como resolver o problema da habitação? Na sociedade atual, ele se resolve absolutamente da mesma maneira que qualquer outra questão social, isto é, pelo equilíbrio econômico que pouco a pouco se estabelece entre a oferta e a procura, solução esta que adia perpetuamente o problema e é o contrário de uma solução. A maneira pela qual a revolução social resolverá essa questão não depende somente das circunstâncias de tempo e de lugar; liga-se, também, a questões que vão muito mais longe, sendo uma das principais a supressão do antagonismo entre a cidade e o campo. Como não temos que fantasiar sistemas utópicos de organização da sociedade futura, seria pelo menos ocioso determo-nos sobre o assunto. Uma coisa é incontestável: atualmente, nas grandes cidades, há imóveis o bastante para satisfazer as necessidades reais de todos, sob a condição de serem utilizados racionalmente. Essa medida só é realizável, bem entendido, sob a condição de expropriar os proprietários atuais e de instalar em seus imóveis os trabalhadores sem habitação ou vivendo atualmente em habitações superlotadas. Conquistado o poder político pelo proletariado, essa medida, ditada pelo interesse público, será tão facilmente realizável como as expropriações e sequestros de imóveis levados a efeitos atualmente pelo Estado.

O que se encara aqui não é a mudança de forma do poder político, mas a sua atividade. O Estado atual efetua expropriações e sequestros de casas. Do ponto de vista formal, o Estado proletário "efetuará", também, expropriações e sequestros de imóveis. Mas é claro que o antigo aparelho executivo, em outras palavras, o corpo de funcionários, inseparável da burguesia, seria inteiramente incapaz de executar as decisões do Estado proletário.

É preciso constatar que a apropriação, feita pelo povo trabalhador, de todos os instrumentos de trabalho e de toda a indústria está em completa oposição com o "resgate" preconizado por Proudhon. Segundo este, cada operário torna-se proprietário de sua habitação, do seu palmo de terra e das suas ferramentas, enquanto que no outro sistema é o "povo trabalhador" em bloco que fica proprietário das casas, das fábricas e dos instrumentos de trabalho. O usufruto dessas casas, fábricas etc., pelo menos no período de transição, não pode ser atribuído aos indivíduos ou às sociedades privadas, sem indenização. Assim como a supressão da propriedade fundiária não implica na supressão da renda fundiária, mas na sua entrega à sociedade, pelo menos sob uma forma um pouco modificada. Por consequência, a posse real de todos os instrumentos de trabalho pelo povo trabalhador não exclui de modo algum a conservação do aluguel e da locação.

No capítulo seguinte, examinaremos a questão, aqui apenas tocada, das bases econômicas do definhamento do Estado. Engels exprime-se com uma prudência extrema quando diz que o Estado proletário "não poderá" distribuir as habitações sem aluguel, "pelo menos no período de transição". A locação das habitações, propriedade de todo o povo, a esta ou àquela família, mediante um determinado aluguel, acarreta a percepção desse aluguel, um certo controle e o estabelecimento de determinadas normas de distribuição das habitações. Tudo isso exige uma determinada forma de Estado, mas não carece, de modo algum, de um aparelho militar e burocrático especial, com funcionários privilegiados. Assim, a passagem para um estado de coisas em que se possam fornecer habitações gratuitamente depende do "definhamento" total do Estado.

Falando dos blanquistas,* que, depois da Comuna e instruídos pelas suas lições, adotaram os princípios gerais do marxismo, Engels enuncia de passagem esses princípios, da seguinte forma:

Necessidade da ação política e da ditadura do proletariado, com transição para a supressão das classes e, ao mesmo tempo, do Estado.

É possível que certos amantes de crítica literária, certos burgueses, "devoradores de marxismo", vejam uma contradição entre essa afirmação da "supressão do Estado" e a negação dessa mesma fórmula, considerada como anarquista, na citação que fizemos do *Anti-Dühring*. Não seria de admirar que os oportunistas também enfileirassem Engels no número dos "anarquistas". Nos nossos tempos, é hábito cada vez mais generalizado entre os social-chauvinistas acusar os internacionalistas de anarquismo.

---

* Partidários de Blanqui. (N. de A. L.)

O ESTADO E A REVOLUÇÃO

Que a supressão do Estado deva coincidir com a supressão das classes, eis o que o marxismo sempre ensinou. A célebre passagem do *Anti-Dühring* sobre o definhamento do Estado não acusa os anarquistas de quererem a supressão do Estado, mas, sim, de pretenderem que ela se realize "de um dia para outro".

Tendo os doutrinários da "social-democracia" falseado completamente as relações entre o marxismo e o anarquismo no que respeita à questão da supressão do Estado, é conveniente recordar uma polêmica de Marx e Engels com os anarquistas.

2. Polêmica com os anarquistas

Essa polêmica remonta a 1873. Marx e Engels tinham inserido, numa publicação socialista italiana, uns artigos contra os proudhonianos "autonomistas" ou "antiautoritários", e só em 1913 é que esses artigos apareceram na *Neue Zeit,* em tradução alemã.

> Se a luta política da classe operária – escrevia Marx ridicularizando os anarquistas pela sua negação da política – adquire formas revolucionárias, se os operários, em lugar da ditadura da burguesia, estabelecem a sua ditadura revolucionária, cometem um espantoso crime de lesa-princípios, pois que, para satisfazerem as necessidades materiais do momento, para quebrarem a resistência da burguesia, dão ao Estado uma forma revolucionária e passageira, em vez de deporem as armas e suprimirem o Estado.

Eis aí essa apregoada "supressão" do Estado contra a qual Marx protestava tão violentamente na sua polêmica com os anarquistas! Não é, de maneira nenhuma, contra o desaparecimento do Estado simultaneamente ao das classes, nem contra a abolição do Estado simultaneamente à abolição das classes, mas contra a renúncia dos operários a fazer uso das suas armas, a organizar o emprego da força, isto é, o emprego do Estado, para "quebrar a resistência da burguesia", que se insurgia Marx.

Marx sublinha propositadamente, a fim de que não deturpem o verdadeiro sentido da sua luta contra o anarquismo, "a forma revolucionária e passageira" do Estado, necessária ao proletariado.

O proletariado precisa do Estado só por um certo tempo. Sobre a questão da supressão do Estado, como objetivo, não nos separamos absolutamente dos anarquistas. Nós sustentamos que, para atingir esse objetivo, é indispensável utilizar provisoriamente, contra os exploradores, os instrumentos, os meios e os processos de poder político, da mesma forma que, para suprimir as classes, é indispensável a ditadura provisória da classe oprimida. Marx escolhe a forma mais incisiva e clara de colocar a questão contra os anarquistas: repelindo o "jugo dos capitalistas", devem os operários "depor as armas", ou, ao contrário, delas fazer uso contra os capitalistas, a fim de quebrar-lhes a resistência? Ora, se uma classe faz sistematicamente uso das suas armas contra uma outra classe, que é isso senão uma "forma passageira" de Estado?

Que todo social-democrata pergunte a si mesmo: foi a questão do Estado bem colocada na polêmica com os anarquistas? Foi essa questão bem colocada pela imensa maioria dos partidos socialistas oficiais da Segunda Internacional?

Engels desenvolve as mesmas ideias de uma forma bem mais detalhada e mais popular. Em primeiro lugar, põe a ridículo o erro dos proudhonianos, que se intitulam "antiautoritários", isto é, inimigos de toda autoridade, de toda subordinação, de todo poder. Suponhamos uma fábrica, uma estrada de ferro ou um navio no alto-mar – diz Engels. Não será evidente que, sem uma certa subordinação e, por consequência, uma certa autoridade ou um certo poder, é impossível fazer funcionar qualquer desses aparelhos técnicos complicados, baseados no emprego das máquinas e na colaboração metódica de um grande número de pessoas?

Se eu opuser esses argumentos – escreve Engels – aos adversários exasperados da autoridade, eles se entrincheirarão atrás desta única resposta: "Sim, é verdade, mas não se trata da autoridade que conferimos a esses delegados, e sim da missão de que os encarregamos". Essa gente imagina que pode mudar as coisas modificando-lhes o nome. Assim, esses profundos pensadores zombam realmente do mundo.

O Estado e a Revolução

Depois de ter assim demonstrado que autoridade e autonomia são noções relativas, que o seu emprego varia segundo as fases do desenvolvimento social e que é absurdo considerá-las como absolutas; depois de ter acrescentado que o papel das máquinas e da grande indústria vai aumentando constantemente, Engels passa, das considerações gerais sobre a autoridade, para a questão do Estado.

Se os autonomistas se tivessem contentado em dizer que a organização social do futuro não admitirá a autoridade senão nos limites que lhe são traçados pelas condições mesmas da produção, poderíamos entender-nos com eles; mas eles são cegos para todos os fatos que tornam indispensável a autoridade, e declaram guerra a esta palavra.

Por que é que os adversários da autoridade não se limitam a gritar contra a autoridade política, contra o Estado? Todos os socialistas estão de acordo em que o Estado e, com ele, a autoridade política desaparecerão em consequência da revolução social futura; isso significa que as funções públicas perderão o seu caráter político e transformar-se-ão em simples funções administrativas que zelarão pelos interesses sociais. Mas, os adversários da autoridade exigem que o Estado político seja suprimido de uma vez, antes mesmo que sejam suprimidas as condições sociais que o criaram. Reclamam que o primeiro ato da revolução social seja a supressão da autoridade.

Esses senhores já terão visto alguma revolução? Uma revolução é, certamente, a coisa mais autoritária que há, um ato pelo qual uma parte da população impõe a sua vontade à outra, com auxílio dos fuzis, das baionetas e dos canhões, meios por excelência autoritários; e o partido que triunfou tem de manter a sua autoridade pelo temor que as suas armas inspiram aos reacionários. Se a Comuna de Paris não se tivesse utilizado, contra a burguesia, da autoridade do povo em armas, teria ela podido viver mais de um dia? Não poderemos, ao contrário, censurá-la por não ter recorrido suficientemente a essa autoridade?

Assim, pois, de duas uma: ou os adversários da autoridade não sabem o que dizem, e nesse caso só fazem criar confusão, ou o sabem, e nesse caso traem a causa do proletariado. Em qualquer dos casos não fazem senão servir à reação.

As questões abordadas nessa passagem serão examinadas no capítulo seguinte, quando tratarmos das relações da política e da ciência econômica no momento do definhamento do Estado; são questões como a da transformação das funções públicas, de funções políticas, que são, em funções simplesmente administrativas, e a questão do "Estado político". Essa última expressão, suscetível, aliás, de provocar mal-entendidos, evoca o processo do definhamento do Estado: um momento há em que o Estado em vias de definhar pode ser chamado de não político.

Na passagem de Engels, o que há de mais notável é a forma como ele coloca a questão contra os anarquistas. Os social-democratas, que pretendem ser discípulos de Engels, desde 1873 já entraram milhões de vezes em polêmica com os anarquistas, mas o fizeram precisamente como os marxistas não podem nem devem fazê-lo. A ideia da supressão do Estado, nos anarquistas, é confusa e desprovida de alcance revolucionário – foi como Engels pôs a questão. Os anarquistas recusam-se justamente a ver a revolução na sua origem e no seu desenvolvimento, nas suas tarefas próprias em face da violência, da autoridade, do poder e do Estado.

A crítica do anarquismo, para os social-democratas contemporâneos, reduz-se a esta pura banalidade pequeno-burguesa: "Nós somos partidários do Estado, os anarquistas não!". Compreende-se que uma tal chatice não deixe de provocar a aversão dos operários, por menos reflexivos e revolucionários que sejam. A linguagem de Engels é outra: ele faz ver que todos os socialistas admitem o desaparecimento do Estado, como uma consequência da revolução socialista. Em seguida, ele formula concretamente a questão da revolução, a questão precisamente que os social-democratas oportunistas deixam habitualmente de lado, abandonando, por assim dizer, aos anarquistas o monopólio desse "estudo". Ao formular essa questão, Engels pega o boi pelos chifres: não deveria ter a Comuna se utilizado melhor do poder revolucionário do Estado, isto é, do proletariado armado, organizado como classe dominante?

A social-democracia oficial e majoritária tem sempre evitado a questão da missão concreta do proletariado na revolução, ora por um simples sarcasmo farisaico, ora, quando muito, por esta frase evasiva e sofisticada: "Mais tarde se verá!". Mas, também, estão os anarquistas em boa situação para revidar a essa social-democracia que ela está faltando ao seu dever, que é o de fazer a educação revolucionária dos operários. Engels aproveita a experiência da última revolução proletária para estudar, da forma mais concreta, as medidas que o proletariado deve tomar em relação aos bancos e ao Estado, e como deve tomá-las.

3. Carta a Bebel

Uma das mais notáveis, senão a mais notável, das passagens de Marx e Engels, a propósito do Estado, é o seguinte trecho de uma carta de Engels a Bebel, de 18-28 de março de 1875. Notaremos, entre parênteses, que essa carta foi publicada, pela primeira vez, se não nos falha a memória, em 1911, por Bebel, no tomo II das suas memórias, *Da minha vida*, isto é, 36 anos depois de redigida e enviada. Criticando o projeto do programa de Gotha, igualmente criticado por Marx na sua célebre carta a W. Bracke, Engels trata especialmente da questão do Estado, e escreve a Bebel:

O livre Estado popular transforma-se no Estado livre. Ora, gramaticalmente, um Estado livre é um Estado que é livre em relação aos seus cidadãos e, por conseguinte, um Estado com um governo despótico. Seria preciso decidir, de uma vez por todas, toda a tagarelice a respeito do Estado, principalmente depois da Comuna, que já não era um Estado no sentido próprio da palavra. Os anarquistas já nos quebraram bastante a cabeça com o "Estado popular", muito embora Marx, já na sua obra contra Proudhon e, depois, no *Manifesto comunista*, tenha dito expressamente que, com o advento do regime socialista, o Estado se dissolverá por si próprio (*sich auflöst*) e desaparecerá. Como o Estado não é, afinal, senão uma organização provisória que se emprega na luta durante a revolução, para esmagar pela força o adversário, falar de um Estado popular livre é um contrassenso. Enquanto o proletariado ainda usa o Estado, não o faz no interesse da liberdade, mas sim para triunfar sobre o adversário, e, desde que se possa falar de liberdade, o Estado como tal deixará de existir. Portanto, proporíamos substituir por toda parte a expressão Estado por *Gemeinweisen* (comunidade), velha e excelente palavra alemã, cujo sentido equivale ao da palavra *commune* em francês.

É preciso notar que essa carta se refere ao programa do partido, criticado por Marx numa carta escrita apenas algumas semanas depois daquela (a carta de Marx é de 5 de maio de 1875), e que Engels vivia então com Marx em Londres. Não há dúvida, portanto, de que Engels, que diz "nós", na primeira frase, fala em seu próprio nome e no de Marx, quando propõe ao chefe do partido operário alemão suprimir no programa a palavra "Estado", substituindo-a pela palavra "comunidade".

Como não gritariam logo contra o anarquismo os chefes do "marxismo" moderno temperado ao sabor do oportunismo, se fosse proposta uma tal emenda ao seu programa!

Pois que berrem; a burguesia os louvará.

Quanto a nós, cumpriremos a nossa tarefa. Revendo o programa do nosso partido, devemos ter absolutamente em conta o conselho de Engels e de Marx, para nos aproximarmos da verdade, para ressuscitarmos o verdadeiro marxismo, purificado de todas as falsificações, para melhor dirigirmos a classe operária na luta pela sua libertação. É pouco provável que a recomendação de Engels e de Marx encontre adversários entre os bolcheviques. Não há, a nosso ver, senão uma dificuldade de vocabulário. Em alemão, há duas palavras para expressar o conceito de "comunidade"; e Engels escolheu, não a que designa uma comunidade determinada, mas a que exprime um conjunto, um sistema de comunas. Em russo, não existe o termo equivalente, e teremos que recorrer talvez ao francês "*commune*", apesar de oferecer também os seus inconvenientes.

"A Comuna já não era um Estado, no sentido rigoroso da palavra", eis a afirmação de Engels, capital sob o ponto de vista teórico. Depois do desenvolvimento acima dado, essa afirmação é perfeitamente compreensível. A Comuna deixava de ser um Estado, pois que não tinha mais que oprimir a maioria da população, mas sim uma minoria (os exploradores); quebrara a máquina de Estado burguesa, já não era uma força especial de opressão, era o próprio povo que entrava em cena. Tudo isso já não corresponde à definição de Estado no sentido literal da palavra. Se a Comuna se tivesse mantido, os vestígios do Estado ter-se-iam "extintos" automaticamente; ela não teria tido a necessidade de "suprimir" as suas instituições, que teriam cessado de funcionar à medida que não tivessem mais função.

"Os anarquistas nos quebram a cabeça com o Estado popular". Ao dizer isso, Engels tem em vista principalmente Bakunin e seus ataques contra os social-democratas alemães. Engels reconhece a justeza desses ataques na medida em que o "Estado popular" é um contrassenso e uma concepção estranha ao socialismo, tão condenável como o "Estado popular livre". Engels esforça-se por retificar a ação dos social-democratas alemães contra os anarquistas, por basear essa ação em princípios justos, por libertá-la dos preconceitos oportunistas a respeito do "Estado". Mas – ai! – a carta de Engels dormiu 36 anos numa gaveta. Mais adiante, veremos que, mesmo depois da publicação dessa carta, Kautsky se obstina a repetir, no fundo, os mesmos erros contra os quais Engels prevenia.

Bebel respondeu a Engels em 21 de setembro de 1875. Entre outras coisas, declara estar "inteiramente de acordo" com ele a respeito do programa e que havia censurado Liebknecht por seu espírito conciliador. Ora, se abrirmos a brochura de Bebel, intitulada *Os nossos objetivos*, veremos nela, a respeito do Estado, considerações inteiramente errôneas: "O Estado baseado na dominação de uma classe deve ser transformado em Estado popular". (*Unsere Ziele,* edição alemã, 1886, p. 14).

Eis o que está impresso na 9ª (nona!) edição da brochura de Bebel. Não é de admirar que a social-democracia alemã tenha teimado tanto em repisar essas considerações oportunistas sobre o Estado, tanto mais quanto os comentários revolucionários de Engels ficavam no tinteiro e que as circunstâncias faziam com que os social-democratas "desaprendessem" a revolução.

4. Crítica do projeto do programa de Erfurt

A crítica do projeto do programa de Erfurt, enviada por Engels a Kautsky em 29 de junho de 1891 e publicada somente 10 anos mais tarde na *Neue Zeit,* não pode ser desprezada numa análise da doutrina marxista sobre o Estado, porque é consagrada precisamente à crítica das concepções oportunistas da social-democracia no que concerne ao Estado.

Note-se de passagem, que, sobre as questões econômicas, Engels, na sua carta a Kautsky, dá uma indicação extremamente preciosa, que mostra com que atenção e profundeza de pensamento ele seguia as transformações do capitalismo moderno e como pressentiu, assim, até certo ponto, os problemas da nossa época imperialista. Essa indicação é a seguinte. A propósito da expressão "ausência de plano" (*Planlosigkeit*), empregada no projeto de programa, para caracterizar o capitalismo, escreve Engels:

> Se, das sociedades por ações, passarmos aos trustes que comandam e monopolizam ramos inteiros da indústria, veremos cessar não só a produção privada como ainda a ausência de plano. (*Neue Zeit,* XX, 1901-1902, vol. I, p. 8).

Temos aqui o traço fundamental, do ponto de vista teórico, do capitalismo moderno ou imperialismo, sob cujo regime o capitalismo se transforma em capitalismo de monopólios. Isso convém ser acentuado, pois um dos erros mais generalizados é o dos reformistas burgueses, para quem o capitalismo dos monopólios, privado ou de Estado, já não sendo mais capitalismo, poderá ser chamado de "socialismo de Estado". Os trustes nunca chegaram até hoje e nunca chegarão a uma organização da produção inteiramente calculada sobre um plano. Mas, na medida em que instituem uma certa organização metódica e calculada, na medida em que os magnatas do capital calculam antecipadamente o rendimento da produção nacional e mesmo internacional, na medida em que regulam essa produção segundo um plano, não deixamos por isso de estar em regime capitalista, se bem que numa nova fase desse regime. O "parentesco" desse capitalismo com o socialismo deve ser, para os verdadeiros representantes do proletariado, um argumento em favor da proximidade, da facilidade, da possibilidade, da necessidade imediata da revolução socialista, e não um pretexto para se mostrarem tolerantes com os que, como os reformistas, repudiam essa revolução e pintam do capitalismo um quadro encantador.

Mas voltemos à questão do Estado. Engels, na sua carta a Kautsky, nos fornece três indicações particularmente preciosas: a primeira, sobre a República; a segunda, sobre a relação entre a questão nacional e a organização do Estado; e, finalmente, a terceira, sobre a administração local.

Engels volta a sua crítica principalmente para a questão da República. Se nos lembrarmos da importância que o programa de Erfurt adquiriu na social-democracia de todos os países e de que ele serviu de modelo para toda a Segunda Internacional, poderemos dizer sem exagero que Engels critica, aqui, o oportunismo da Segunda Internacional inteira.

As reivindicações políticas do projeto – escreve ele – têm um grande defeito.

O que era necessário dizer antes de tudo, não foi dito.

Engels, mais adiante, demonstra que a constituição alemã é uma cópia da constituição ultrarreacionária de 1850; que o Reichstag não é, segundo a expressão de Wilhelm Liebknecht, senão a "folha de parra do absolutismo", e que pretender realizar, na base de uma constituição que consagra a existência de pequenos Estados alemães e da confederação desses pequenos Estados, a "transformação dos meios de produção em propriedade comum", é "manifestamente absurdo".

"É perigoso tocar nisso", acrescenta Engels, sabendo muito bem que, na Alemanha, não se pode inscrever legalmente no programa a reinvindicação da República. Mas ele simplesmente não se conforma com essa consideração, com que "todos" se contentam, e continua:

> Mas, no entanto, é preciso, de um modo ou de outro, atacar a questão. E o que prova precisamente, hoje, quanto isso é necessário é o oportunismo, que começa a fazer estragos numa grande parte da imprensa social-democrata. Pelo temor de um restabelecimento da lei contra os socialistas, sob a influência de toda sorte de opiniões levianamente emitidas durante a vigência dessa lei, pretende-se agora que o partido reconheça a situação legal atual na Alemanha como suficiente, de uma vez por todas, para a realização de todas as nossas reivindicações pela via pacífica.

Que os social-democratas alemães tenham agido sob o receio do revigoramento da lei de exceção, é o fato essencial que Engels ressalta e que sem rodeios classifica de oportunismo. Declara que é precisamente por falta de república e de liberdade na Alemanha que são insensatos os sonhos de ação "pacífica". Engels tem o cuidado de não se atar as mãos. Concede que, nos países de república ou de grande liberdade, "pode-se conceber" (apenas "conceber"!) uma evolução pacífica para o socialismo; mas, na Alemanha, repete ele:

> O mesmo não se dá na Alemanha, onde o governo é quase onipotente e onde o Reichstag e todos os outros corpos representativos são desprovidos de poder real; e proclamar semelhantes coisas na Alemanha, ainda sem necessidade alguma, é retirar ao absolutismo a folha de parra para cobrir com ela a própria nudez.

Efetivamente são, na sua grande maioria, os chefes oficiais da social-democracia alemã que vêm encobrindo o absolutismo e deixando no tinteiro os avisos de Engels.

> Uma tal política só pode acabar iludindo o nosso próprio partido. Põem-se no primeiro plano as questões políticas gerais e abstratas e ocultam-se, assim, as questões concretas mais urgentes, as questões que, diante dos

primeiros acontecimentos importantes, diante da primeira crise política, surgirão por si mesmas na ordem do dia. Que resultará disso senão que, de repente, no momento decisivo, o partido será tomado de surpresa e que haverá confusão e divergências sobre os pontos mais decisivos, visto que esses pontos nunca foram discutidos?

Esse esquecimento dos pontos de vista principais diante dos interesses momentâneos do dia, essa competição desenfreada ao sucesso do momento, sem a preocupação das consequências ulteriores, esse abandono do futuro movimento em favor do presente, tudo isso talvez tenha o seu ponto de partida em interesses "honestos", mas é e será sempre oportunismo, e talvez seja o oportunismo "honesto" o mais perigoso de todos...

> O que é absolutamente certo é que o nosso partido e a classe operária só podem chegar ao poder sob a forma da república democrática. É mesmo essa a forma específica da ditadura do proletariado, como já o demonstrou a grande Revolução Francesa.

Engels não faz mais que repetir aqui, com mais relevo, a ideia fundamental de todas as obras de Marx, ou seja, que a república democrática é a etapa que conduz diretamente à ditadura do proletariado. Não é essa república, de fato, que porá termo à dominação do capital nem, por conseguinte, à servidão das massas e à luta de classes; mas dará a essa luta uma profundidade, uma extensão, uma rudeza tais que, uma vez surgida a possibilidade de satisfazer os interesses essenciais das massas oprimidas, essa possibilidade se realizará fatal e unicamente pela ditadura do proletariado, arrastando consigo as massas. Para toda a Segunda Internacional, essas são ainda "palavras esquecidas" do marxismo, e esse esquecimento manifestou-se de forma flagrante na história do Partido menchevique durante os primeiros seis meses da Revolução Russa de 1917.

A propósito do problema das nacionalidades e da república federativa, escreve Engels:

"O que deve substituir a Alemanha atual?" (com a sua constituição monárquica reacionária e a sua subdivisão, não menos reacionária, em pequenos Estados, subdivisão que perpetua o "prussianismo", em vez de absorvê-lo dentro de toda a Alemanha). Na minha opinião, o proletariado só pode utilizar a forma da república una e indivisível. No domínio imenso dos Estados Unidos, a república federativa é ainda hoje, em suma, uma necessidade, embora já comece a ser um entrave no Estado. Ela seria um progresso na Inglaterra, onde as duas ilhas são habitadas por quatro nações e onde, a despeito do Parlamento único, existem, simultaneamente, já hoje, três sistemas diferentes de leis. Tornou-se, há muito tempo, um obstáculo na pequena Suíça, suportável somente porque a Suíça se contenta com um papel de membro puramente passivo no sistema europeu de Estados. Para a Alemanha, uma organização federalista à moda suíça seria um enorme regresso. Dois traços distinguem um Estado federativo de um Estado unitário: primeiramente, é que cada Estado confederado, cada cantão, tem o seu próprio Código civil e penal, sua própria organização judiciária; em seguida, é que, a par de uma Câmara do povo, há uma Câmara dos Estados, na qual cada cantão, pequeno ou grande, vota como cantão [...]

Aliás, (na Alemanha) o nosso "Estado federativo" é, em geral, uma transição para o Estado unitário. E não nos cabe fazer retrogradar a "revolução de cima" feita em 1866 e 1870; ao contrário, devemos é dar-lhe o complemento e o melhoramento necessários por um movimento de baixo.

Engels não só não demonstra indiferença pelas formas do Estado como se esforça por analisar, com a maior atenção, as formas de transição, para determinar, segundo suas particularidades históricas e concretas, a natureza da etapa que elas assinalam: de onde, para onde.

Engels, da mesma forma que Marx, defende, do ponto de vista do proletariado e da revolução proletária, a centralização democrática, a república una e indivisível. Ele considera a república federativa, seja como uma exceção à regra e um obstáculo ao desenvolvimento, seja como uma transição entre a monarquia e a república centralizada, seja como um "progresso" em certos casos determinados, quando, por exemplo, se apresenta a questão nacional.

Criticando impiedosamente o espírito reacionário dos pequenos Estados, embora se insurgindo contra a tendência de utilizar a questão nacional para fins reacionários, nem Engels nem Marx procuram evitar essa questão – falta essa frequentemente cometida pelos marxistas holandeses e polacos, ainda que o seu ponto de partida (a luta contra o nacionalismo estreitamente burguês de "seus" pequenos Estados) seja absolutamente legítimo.

Mesmo na Inglaterra, onde as condições geográficas, a comunidade de língua e uma história mais que secular puseram termo, segundo parece, às brigas nacionais, Engels reconhece nitidamente que a etapa das querelas nacionais ainda não foi ultrapassada e que a república federativa constituiria um "progresso". Bem entendido, ele está longe de renunciar à crítica dos defeitos da república federativa e à agitação mais resoluta em favor da república unitária, centralizada, democrática.

Apenas, essa centralização democrática, entende-a Engels, não no sentido burocrático em que a entendem habitualmente os ideólogos burgueses e pequeno-burgueses, inclusive os anarquistas. Para Engels, a centralização não exclui de forma alguma uma ampla autonomia local, que permita a supressão completa de todo burocratismo e de toda "ordem" de cima, contanto que as comunas e as regiões mantenham espontaneamente a unidade do Estado. Engels desenvolve os pontos de vista que constituem o programa marxista sobre a questão do Estado.

Assim, pois, república unitária. Mas, não no sentido da República francesa atual, que não é outra coisa senão o império fundado em 1799, sem imperador. De 1792 a 1799, cada departamento francês, cada comuna (*Gemeinde*) teve uma autonomia completa, segundo o modelo norte-americano; e é o de que também precisamos. Como organizar essa administração foi o que nos mostraram a América e a primeira República francesa; é o que nos mostram ainda hoje a Austrália, o Canadá e as outras colônias inglesas. Uma tal autonomia provincial e comunal é muito mais livre que, por exemplo, o federalismo suíço, onde, sem dúvida, o cantão é muito independente em face da confederação, mas onde ele também o é em face do distrito (*Bezírk*) e da comuna. São os governos cantonais que nomeiam os governadores de distrito (*Bezirksstatthalter*) e os prefeitos, que não se conhecem nos países de língua inglesa e que, no futuro, deveremos eliminar, da mesma forma que os conselheiros provinciais e governamentais (*Landrat* e *Regierungsrat*) prussianos.

Assim, Engels propõe que se redija da seguinte forma o artigo do programa relativo ao *self-government:*

> Administração autônoma completa na província, no distrito, na comuna, com funcionários eleitos por sufrágio universal. Supressão de todas as autoridades locais e provinciais nomeadas pelo governo.

No *Pravda* nº 68, maio de 1917, interditada pelo governo de Kerensky e dos outros ministros ditos "socialistas", já tive ocasião de mostrar que, nesse ponto, como em muitos outros, os nossos pseudorrepresentantes socialistas de uma pseudodemocracia pretensamente revolucionária se afastam indignamente do princípio democrático. Claro está que essa gente, ligada pela sua "coligação" com a burguesia imperialista, se manteve surda às minhas palavras.

É muito importante notar que Engels, servindo-se de fatos, desmente, com exemplos precisos, o preconceito extraordinariamente propagado, principalmente na democracia pequeno-burguesa, de que uma república federativa é forçosamente mais liberal do que uma república centralizada. Isso é falso. A prova está nos fatos citados por Engels e relativos à república francesa, centralizada, de 1792 a 1799, e à república federativa suíça. Com efeito, a república democrática centralizada deu mais liberdade que a república federativa. Em outras palavras: o máximo de liberdade local, regional ou qualquer outra, conhecido na história, foi atingido pela república centralizada e não pela república federativa.

A nossa propaganda partidária sempre teve e continua a ter muito pouco em conta esse fato, como em geral tudo o que diz respeito ao federalismo, à centralização e à autonomia local.

5. O prefácio de 1891 à *Guerra civil* de Marx

No prefácio da terceira edição da *Guerra civil na França*, datado de 18 de março de 1891 e publicado primeiramente na *Neue Zeit*, a par de reflexões incidentes do mais alto interesse sobre o Estado, Engels dá um notável resumo das lições da Comuna. Esse resumo, enriquecido com toda a experiência dos 20 anos decorridos desde a Comuna, e que é especialmente dirigido contra essa "crença supersticiosa no Estado", tão generalizada na Alemanha, pode, a justo título, ser considerado a última palavra do marxismo sobre a questão.

Na França, depois de cada revolução, observa Engels, os operários continuavam armados:

> E o primeiro cuidado dos burgueses que haviam chegado ao poder era desarmá-los. Assim, após cada revolução em que o povo combatera, uma nova batalha rebentava, a qual terminava pelo esmagamento dos trabalhadores.

Esse resumo da experiência das revoluções burguesas é tão sucinto quanto expressivo. A natureza do problema – entre outras, na questão do Estado (a classe subjugada possui armas?) – está admiravelmente bem apanhada. É esse precisamente o ponto que os professores influenciados pela ideologia burguesa e os democratas da pequena burguesia silenciam. Na revolução russa de 1917, o menchevique Tseretelli, "marxista de meia-tigela", teve a honra (a honra de um Cavaignac) de trair, por descuido, esse segredo das revoluções burguesas. No seu discurso "histórico" de 9 de junho, Tseretelli teve a imprudência de anunciar que a burguesia estava resolvida a desarmar os operários de Petrogrado, resolução que ele apresentava como sendo também a sua e como uma necessidade "política" em geral.

O discurso histórico de Tseretelli será, para qualquer historiador da revolução de 1917, uma das melhores provas de que o bloco dos socialistas-revolucionários e dos mencheviques, dirigido por Tseretelli, abraçou a causa da burguesia contra o proletariado revolucionário.

De passagem, Engels faz outra observação ligada igualmente à questão do Estado e relativa à religião. Como se sabe, a social--democracia alemã, à medida que a gangrena oportunista a tomava, caía cada vez mais numa interpretação errônea e sofística da célebre fórmula: "A religião é questão privada". Essa fórmula era interpretada como se, também para o partido do proletariado revolucionário, a religião fosse uma questão privada! Contra essa traição formal do programa revolucionário do proletariado, insurgiu-se Engels, que, em 1891, ainda não podendo observar, em seu partido, senão germes muito fracos de oportunismo, se exprime com grande prudência:

> Como na Comuna só havia operários ou representantes reconhecidos da classe operária, seus decretos foram marcados por um cunho nitidamente proletário. Sua obra consiste, com efeito, ou em reformas que a burguesia republicana abandonara por covardia e que constituíam a necessária base para o desenvolvimento livre do proletariado, como, por exemplo, as medidas inspiradas no princípio de que, "em relação ao Estado", a religião é coisa privada; ou em reformas que interessavam diretamente à classe operária e, por vezes, abriam fundas brechas na antiga ordem social.

Foi intencionalmente que Engels sublinhou as palavras "em relação ao Estado", atacando assim, de frente, o oportunismo alemão, que declarava a religião uma questão privada em relação ao partido e que rebaixava assim o partido do proletariado revolucionário ao plano da mais baixa burguesia "livre pensadora", pronta a admitir a neutralidade em matéria religiosa, mas repudiando a luta do partido contra a religião, ópio do povo.

O futuro historiador da social-democracia alemã, aprofundando as causas da vergonhosa bancarrota desse partido em 1914, encontrará sobre a questão muito material interessante, desde as declarações evasivas do principal teórico do partido, Kautsky, declarações que escancaravam a porta ao oportunismo, até a atitude do partido em relação ao Losvon-Kirche-Bewegung (movimento de separação da Igreja) em 1913.

O Estado e a Revolução

Mas, vejamos como, 20 anos depois da Comuna, Engels resumia os ensinamentos por ela dados ao proletariado militante.

Eis os ensinamentos que Engels coloca em primeiro plano:

E o exército, a polícia, a burocracia, esses instrumentos de opressão de que se tinham servido todos os governos até então, que Napoleão criara em 1799 e que, depois disso, todo novo governo acolhera como preciosos instrumentos de dominação – que pretendia fazer deles a Comuna? Ora, precisamente destruí-los; por toda a parte, como já o faziam em Paris!

A Comuna teve logo que reconhecer que a classe operária, ao chegar ao poder, não podia servir-se da antiga máquina governamental, e que, para não cair sob o jugo de novos senhores, devia abolir todo o sistema de opressão que, até então, só funcionara contra ela, e precaver-se contra seus próprios subordinados e funcionários, declarando-os amovíveis, sem exceção e em qualquer tempo.

Engels acentua, mais uma vez, que, não só numa monarquia como também numa república democrática, o Estado continua a ser Estado, isto é, conserva o seu caráter distintivo fundamental, que é o de transformar os empregados, órgãos e "servidores da sociedade" em senhores da sociedade.

Para evitar essa transformação – até então inevitável em todos os regimes – do Estado, de servidor em senhor da sociedade, a Comuna empregou dois meios infalíveis. Primeiro, ela submeteu todos os cargos – na administração, na justiça e no ensino – à escolha, dos interessados, por eleição, por sufrágio universal. Depois, retribuiu esses serviços, superiores e inferiores, com um salário igual ao que recebem os outros trabalhadores. O maior vencimento fixado foi de seis mil francos.[*] Dessa forma, foi posto um freio à caça aos empregos e ao arrivismo, sem contar com o mandato imperativo que era imposto, além do mais, aos delegados às assembleias representativas.

Engels aborda aqui o ponto interessante em que a democracia consequente, por um lado, se transforma em socialismo e, por ou-

---

[*] O que, em curso nominal, representa cerca de 2.400 rublos, e 6 mil rublos ao curso atual. Os bolcheviques que propõem, por exemplo, nas municipalidades, ordenados de 9 mil rublos, em lugar de propor um máximo de 6 mil para toda a Rússia, cometem um erro imperdoável.

tro, reclama o socialismo. De fato, para aniquilar o Estado, é preciso transformar as funções do Estado em funções de fiscalização e registro tão simples que estejam ao alcance da enorme maioria da população e, em seguida, de toda a população. Ora, para suprimir completamente o arrivismo, é preciso que um emprego público "honorário", mas não retribuído, não possa servir, de modo algum, de ponte para atingir empregos altamente lucrativos nos bancos e nas sociedades por ações, como constantemente sucede em todos os países capitalistas, mesmo nos mais liberais.

Engels tem o cuidado de evitar o erro que cometem, por exemplo, alguns marxistas, a respeito do direito de as nações disporem de si mesmas. No regime capitalista, dizem eles, esse direito é irrealizável; e no regime socialista torna-se supérfluo. Esse raciocínio, espirituoso, talvez, mas absolutamente errôneo, poderia aplicar-se a qualquer instituição democrática e, mesmo, ao modesto vencimento dos funcionários, pois que uma democracia rigorosamente consequente é impossível no regime capitalista e, no regime socialista, toda democracia desaparece.

É esse um sofisma que se assemelha a esta piada irrisória: Qual é o momento preciso em que o homem que perde um a um os cabelos pode ser qualificado de calvo?

Desenvolver a democracia até o fim, procurar as formas desse desenvolvimento, submetê-las à prova da prática etc., eis um dos problemas fundamentais da luta pela revolução social. Considerada isoladamente, nenhuma democracia dará o socialismo, mas, na vida, a democracia nunca será "considerada isoladamente", mas sim "em conjunto", e exercerá a sua influência sobre a economia, cuja transformação precipitará, sofrendo também ela a influência do desenvolvimento econômico etc. Tal é a lógica da história viva.

Engels continua:

> Essa destruição do Estado, tal como ele foi até agora, e a sua substituição por uma nova organização verdadeiramente democrática é o que está escrito com profundeza no terceiro capítulo da *Guerra civil*. Mas era necessário acentuar

ligeiramente, aqui, alguns traços, porque, na Alemanha, a superstição do Estado passou da filosofia para a consciência de toda a burguesia e mesmo de muitos operários. Segundo a Filosofia, o Estado é "a realização da Ideia", o que, em linguagem filosófica, é o reino de Deus sobre a terra, o domínio em que se realizaram ou devem realizar-se a verdade e a justiça eternas. Daí, esse respeito supersticioso pelo Estado e por tudo que toca ao Estado, respeito que tanto mais facilmente se instala nos espíritos quanto se está habituado, desde o berço, a pensar que os negócios e os interesses gerais da sociedade inteira não poderiam ser regulados diferentemente do que se tem feito até aqui, isto é, pelo Estado e pelos seus subalternos, devidamente instalados nas suas funções. E já se pensa ter feito um progresso extraordinariamente audacioso, emancipando-se da crença na monarquia hereditária para jurar pela República democrática. Porém, na realidade, o Estado não é outra coisa senão uma máquina de opressão de uma classe por outra, e isso tanto numa república democrática quanto numa monarquia. E o menos que dele se pode dizer é que é um flagelo que o proletariado herda na sua luta pela dominação de classe, mas cujos piores efeitos ele deverá atenuar, na medida do possível, como fez a Comuna, até o dia em que uma geração, educada em uma nova sociedade de homens livres e iguais, puder livrar-se de todo esse aparato governamental.

Engels prevenia os alemães contra o esquecimento dos princípios socialistas a respeito do Estado em geral. As suas advertências, hoje, parecem dirigir-se especialmente aos srs. Tseretelli e Tchernov, que também manifestaram, na sua política de "coligação", uma fé e uma veneração supersticiosa pelo Estado!

Ainda duas observações:

1ª) Quando Engels diz que numa república democrática, "tanto quanto" numa monarquia, o Estado continua sendo "uma máquina de opressão de uma classe por outra", não quer dizer que a forma de opressão seja indiferente ao operariado, como o "professam" certos anarquistas. Uma forma de opressão e de luta de classes mais ampla, mais livre, mais franca, facilitará enormemente ao proletariado a sua luta pela abolição das classes em geral.

2ª) A questão de saber por que só uma nova geração poderá livrar-se do aparato governamental se liga à de eliminação da democracia, a que chegamos agora.

6. A eliminação da democracia, segundo Engels

Engels pronunciou-se sobre esse ponto ao tratar da denominação cientificamente errônea de "social-democrata".

No prefácio de uma coletânea de seus artigos de 1870-1880, que versam, principalmente, sobre temas "internacionais" (*Internationales aus dem Volksstaat*), prefácio datado de 3 de janeiro de 1894, isto é, um ano e meio antes da sua morte, Engels explica que, em todos esses artigos, emprega a palavra "comunista" e não "social-democrata", sendo esta última denominação a dos proudhonianos na França, e dos lassalleanos na Alemanha.

> Para Marx como para mim, continua Engels, havia, portanto, absoluta impossibilidade de empregar, para exprimir o nosso ponto de vista próprio, uma expressão tão elástica. Atualmente, o caso é outro, e essa designação de "social-democrata" poderia, em rigor, passar (*mag passieren*), se bem que continue imprópria (*unpassend*) para um partido cujo programa econômico não é apenas socialista, mas comunista, para um partido cuja finalidade política é a supressão de toda espécie de Estado, e, por conseguinte, de toda democracia. Os partidos políticos "verdadeiros" (grifado por Engels) nunca têm uma denominação que lhes convenha completamente; o partido se desenvolve e a denominação fica.

O dialético Engels, no fim de sua vida, mantém-se fiel à dialética. Marx e eu, diz ele, tínhamos um nome excelente, cientificamente exato, para o nosso partido, mas então não havia um verdadeiro partido, isto é, um partido que unisse as massas proletárias. Agora, no fim do século XIX, possuímos um partido verdadeiro, mas a sua denominação é cientificamente inexata. Não importa; poderá "passar", contanto que o partido se desenvolva e contanto que a inexatidão científica do seu nome não lhe seja dissimulada e não o impeça de caminhar na boa direção.

Um gracejador poderia consolar-nos e também, a nós, bolcheviques, à maneira de Engels: temos, um verdadeiro partido que se desenvolve à maravilha; "passaremos" por sobre o nome absurdo e bárbaro de "bolchevique", que não exprime absolutamente nada, a não ser a circunstância puramente acidental de termos tida a maioria no Congresso de Bruxelas-Londres, em 1903... Agora, que a perseguição ao nosso partido, pelos republicanos e pela democracia burguesa "revolucionária", em julho-agosto de 1917, tornou tão popular e tão honroso o nome de "bolchevique", confirmando, além disso, o imenso progresso histórico realizado pelo nosso partido no seu desenvolvimento real, talvez eu mesmo hesitasse em propor, como fiz em abril, a mudança de denominação do Partido. Talvez propusesse aos camaradas um "compromisso": nos chamarmos Partido Comunista, conservando entre parênteses a palavra "bolchevique"...

Mas a questão do nome do partido é infinitamente menos grave que a das relações entre o proletariado revolucionário e o Estado.

Raciocinando a respeito do Estado, repete-se constantemente o erro contra o qual Engels nos põe de sobreaviso e que, de passagem, indicamos mais atrás: esquece-se de que a supressão do Estado é igualmente a supressão da democracia e que o definhamento do Estado é o definhamento da democracia.

À primeira vista, essa afirmação parece estranha e ininteligível; alguns poderiam mesmo recear que nós desejássemos o advento de uma ordem social em que caísse em desuso o princípio da submissão da minoria à maioria, que, ao que se diz, é o princípio essencial da democracia. Mas, não! A democracia não se identifica com a submissão da minoria à maioria, isto é, a organização da violência sistematicamente exercida por uma classe contra a outra, por uma parte da população, contra a outra.

Nosso objetivo final é a supressão do Estado, isto é, de toda violência, organizada e sistemática, de toda coação sobre os homens em geral. Não desejamos o advento de uma ordem social em que caducasse o princípio da submissão da minoria à maioria. Mas, em nossa aspiração ao socialismo, temos a convicção de que ele tomará a forma do comunismo e que, em consequência, desaparecerá toda necessidade de recorrer à violência contra os homens, à submissão de um homem a outro de uma parte da população à outra. Os homens, com efeito, habituar-se-ão a observar as condições elementares da vida social, sem constrangimento nem subordinação.

Para salientar esse elemento de adaptação, Engels fala da nova geração "educada em uma nova sociedade de homens livres e iguais" e que "poderá livrar-se de todo aparato governamental", de qualquer forma de Estado, inclusive a República democrática.

Para esclarecer esse ponto, temos de analisar as condições econômicas do definhamento do Estado.

V – AS CONDIÇÕES ECONÔMICAS DO DEFINHAMENTO DO ESTADO

É em Marx que encontramos o mais circunstanciado estudo dessa questão, na sua *Crítica do programa de Gotha* (carta a Wilhelm Bracke, de 5 de maio de 1875, publicada somente em 1891 na *Neue Zeit*, vol. IX, fasc. 1º, e de que apareceu uma edição russa). A parte polêmica dessa obra notável, que contém a crítica do lassalleanismo, obscureceu um pouco a sua parte positiva, ou seja, o estudo da conexão do desenvolvimento do comunismo e do definhamento do Estado.

1. Como Marx expõe a questão

Comparando superficialmente a carta de Marx a Bracke, de 5 de maio de 1875, com a carta de Engels a Bebel, de 28 de março do mesmo ano, anteriormente examinada, pode parecer que Marx seja muito mais "estadista" que Engels e tenha sobre o Estado ideias sensivelmente diferentes.

Engels convida Bebel a deixar de tagarelar a respeito do Estado e a banir completamente do programa a palavra "Estado", para substituí-la pela de "Comuna"; Engels chega a dizer que a Comuna já não é um Estado no sentido próprio da palavra. Ao contrário, Marx fala do "Estado na sociedade comunista futura" parecendo admitir assim a necessidade do Estado, mesmo no regime comunista.

No entanto, seria um profundo erro crer numa divergência de opiniões entre Marx e Engels. Um estudo mais atento mostra que as ideias de Marx e de Engels a respeito do Estado e do seu definhamento são absolutamente idênticas, e que a expressão de Marx aplica-se justamente a um Estado em vias de definhamento.

Não se trata, evidentemente, de marcar um prazo para esse "definhamento" futuro, tanto mais que este constitui um processo de longa duração. A divergência aparente entre Marx e Engels explica-se pela diferença dos assuntos tratados e dos objetivos em mira. Engels propõe-se demonstrar a Bebel, de modo palpável e incisivo, a largos traços, todo o absurdo dos preconceitos correntes (partilhados em elevado grau por Lassalle) a respeito do Estado. Marx apenas toca de passagem nessa questão e interessa-se por outro assunto: o desenvolvimento da sociedade comunista.

Toda a teoria de Marx é a teoria da evolução, na sua forma mais lógica, mais completa, mais refletida e mais substancial, aplicada ao capitalismo contemporâneo. Marx devia, naturalmente, aplicar essa teoria à falência iminente do capitalismo e ao desenvolvimento futuro do comunismo futuro.

Em que podemos basear-nos para pôr a questão do desenvolvimento futuro do comunismo futuro?

No fato de que o comunismo nasce do capitalismo por via do desenvolvimento histórico, que é obra da força social engendrada pelo capitalismo. Marx não se deixa seduzir pela utopia, não procura inutilmente adivinhar o que não se pode saber. Põe a questão da evolução do comunismo como um naturalista poria a da evolução de uma nova espécie biológica, uma vez conhecidas a sua origem e a linha de seu desenvolvimento.

Marx começa por desfazer a confusão trazida pelo programa de Gotha na questão das relações entre o Estado e a sociedade.

A "sociedade atual" – escreve ele – é a sociedade capitalista, que existe em todos os países civilizados, mais ou menos expurgada de elementos medievais, mais ou menos modificada pela evolução histórica particular a cada país, mais ou menos desenvolvida. O "Estado atual", ao contrário, muda com a fronteira. No império prusso-alemão, é diverso do que é na Suíça e, na Inglaterra, diverso do que é nos Estados Unidos. O "Estado atual" é, pois, uma ficção.

No entanto, a despeito da diversidade das suas formas, os diferentes Estados dos diferentes países civilizados têm todos, em comum, o fato de repousarem no solo da moderna sociedade burguesa, apenas mais ou menos desenvolvida do ponto de vista capitalista. Certos traços essenciais lhes são por isso comuns. É nesse sentido que se pode falar em Estado atual, tomado em sua expressão genérica, para contrastar com o futuro, em que a sociedade burguesa, que, atualmente, lhe serve de raiz, cessa de existir.

Vem em seguida a questão de saber que transformação sofrerá o Estado numa sociedade comunista. Em outras palavras: que funções sociais se manterão, análogas às funções do Estado? Essa questão só pode ser resolvida pela ciência, e não é associando de mil maneiras a palavra "povo" com a palavra "Estado" que se fará avançar o problema em uma polegada sequer.

Ridicularizando, assim, todo esse bate-boca sobre o "Estado popular", Marx precisa a questão e, de algum modo, previne que só é possível resolvê-la cientificamente quando existem dados solidamente estabelecidos.

O primeiro ponto solidamente estabelecido pela teoria da evolução e, mais geralmente, pela ciência – ponto esquecido pelos utopistas e, em nossos dias, pelos oportunistas, que temem a revolução social – é que, entre o capitalismo e o comunismo, deverá intercalar-se, necessariamente, um período de transição histórica.

2. A transição do capitalismo para o comunismo

Entre a sociedade capitalista e a sociedade comunista – continua Marx – situa-se o período de transformação revolucionária da primeira para a segunda. A esse período corresponde um outro, de transição política, em que o Estado não pode ser outra coisa senão a ditadura revolucionária do proletariado [...]

Essa conclusão de Marx repousa sobre a análise do papel desempenhado pelo proletariado na sociedade capitalista, sobre a evolução dessa sociedade e a incompatibilidade dos interesses do proletariado e da burguesia.

Antigamente, a questão era posta assim: para conseguir emancipar-se, o proletariado deve derrubar a burguesia, apoderar-se do poder político e estabelecer a sua ditadura revolucionária. Agora, a questão se põe de modo um pouco diferente: a passagem da sociedade capitalista para a sociedade comunista é impossível sem um "período de transição política" em que o Estado não pode ser outra coisa senão a ditadura revolucionária do proletariado.

Quais as relações dessa ditadura com a democracia?

Já vimos que o *Manifesto comunista* aproxima simplesmente uma da outra as duas noções de "organização do proletariado em classe dominante" e de "conquista da democracia". Inspirando-nos em tudo o que precede, podemos determinar de forma mais precisa as transformações que a democracia sofrerá durante a transição do capitalismo para o comunismo.

A sociedade capitalista, considerada nas suas mais favoráveis condições de desenvolvimento, oferece-nos uma democracia mais ou menos completa na República democrática. Mas, essa democracia é sempre comprimida no quadro estreito da exploração capitalista; no fundo, ela não passa nunca da democracia de uma minoria, das classes possuidoras, dos ricos. A liberdade na sociedade capitalista continua sempre a ser, mais ou menos, o que foi nas repúblicas da Grécia antiga: uma liberdade de senhores fundada na escravidão. Os escravos assalariados de hoje, em consequência da exploração capitalista, vivem por tal forma acabrunhados pelas necessidades e pela miséria, que nem tempo têm para se ocupar de "democracia" ou de "política"; no curso normal e pacífico das coisas, a maioria da população se encontra afastada da vida política e social.

O exemplo da Alemanha confirma-o com rara evidência. Com efeito, a legalidade constitucional manteve-se com uma constância e uma duração surpreendentes durante quase meio século (1871/1914), e a social-democracia, durante esse período, soube, muito mais que em qualquer outro lugar "tirar proveito" dessa legalidade e organizar politicamente um número de trabalhadores muito mais considerável que em qualquer outra parte do mundo.

E qual é, nesse país, a proporção de escravos assalariados politicamente conscientes e ativos, proporção que é a mais elevada na sociedade capitalista? De 15 milhões de operários assalariados, um milhão pertence ao Partido Social-democrata! De 15 milhões, três milhões são sindicalizados!

A democracia para uma ínfima minoria, a democracia para os ricos – tal é a democracia da sociedade capitalista. Se observarmos mais de perto o seu mecanismo, só veremos, sempre e por toda parte, restrições ao princípio democrático, nos "menores" (presentemente os menores) detalhes da legislação eleitoral (censo domiciliário, exclusão das mulheres etc.), assim como no funcionamento das assembleias representativas, nos obstáculos de fato ao direito de reunião (os edifícios públicos não são para os "maltrapilhos"), na estrutura puramente capitalista da imprensa diária etc. etc. Essas limitações, exceções, exclusões e obstáculos para os pobres, parecem insignificantes, principalmente para aqueles que nunca conheceram a necessidade e que nunca conviveram com as classes oprimidas nem conheceram de perto a sua vida (e nesse caso estão os nove décimos, senão os noventa e nove centésimos dos publicistas e dos políticos burgueses); mas, totalizadas, essas restrições eliminam os pobres da política e da participação ativa na democracia. Marx percebeu perfeitamente esse traço essencial da democracia capitalista, ao dizer, na sua análise da experiência da Comuna: os oprimidos são autorizados, uma vez a cada três ou seis anos, a decidir qual, entre os membros da classe dominante, será o que, no Parlamento, os representará e reprimirá!

Mas, a passagem dessa democracia capitalista, inevitavelmente mesquinha, que exclui sorrateiramente os pobres e, por consequência, é hipócrita e mentirosa, "para uma democracia cada vez mais perfeita", não se opera tão simples nem tão comodamente como o imaginam os professores liberais e os oportunistas pequeno-burgueses. Não; o progresso, isto é, a evolução para o comunismo, se opera pela ditadura do proletariado, e não pode ser de outro modo, pois não há outro meio a não ser a ditadura, nem outro agente a não ser o proletariado para quebrar a resistência dos capitalistas exploradores.

Mas a ditadura do proletariado, isto é, a organização de vanguarda dos oprimidos em classe dominante para o esmagamento dos opressores, não pode limitar-se, pura e simplesmente, a um alargamento da democracia. Ao mesmo tempo em que produz uma considerável ampliação da democracia, que se torna pela primeira vez a democracia dos pobres, a do povo e não mais apenas a da gente rica, a ditadura do proletariado traz uma série de restrições à liberdade dos opressores, dos exploradores, dos capitalistas. Devemos reprimir-lhes a atividade para libertar a humanidade da escravidão assalariada, devemos quebrar a sua resistência pela força; ora, é claro que onde há esmagamento, onde há violência, não há liberdade, não há democracia.

Engels o disse perfeitamente, na sua carta a Bebel, ao escrever, como o leitor se recorda:

> O proletariado usa o Estado, não no interesse da liberdade, mas sim para triunfar sobre o adversário e, desde que se possa falar de liberdade, o Estado como tal deixará de existir.

A democracia para a imensa maioria do povo e a repressão pela força da atividade dos exploradores, dos opressores do povo, por outras palavras, a sua exclusão da democracia – eis a transformação que sofre a democracia no período de transição do capitalismo ao comunismo.

Só na sociedade comunista, quando a resistência dos capitalistas estiver perfeitamente quebrada, quando os capitalistas tiverem desaparecido e já não houver classes, isto é, quando não houver mais distinções entre os membros da sociedade em relação à produção, só então é que "o Estado deixará de existir e se poderá falar de liberdade". Só então se tornará possível e será realizada uma democracia verdadeiramente completa e cuja regra não sofrerá exceção alguma. Só então a democracia começará a definhar – pela simples circunstância de que, desembaraçados da escravidão capitalista, dos horrores, da selvageria, da insânia, da ignomínia sem nome da exploração capitalista, os indivíduos se habituarão pouco a pouco a observar as regras elementares da vida social, de todos conhecidas e repetidas, desde milênios, em todos os mandamentos, a observá-las sem violência, sem constrangimento, sem subordinação, sem esse aparelho especial de coação que se chama o Estado.

A expressão "o Estado definha" é muito feliz por que exprime ao mesmo tempo a lentidão do processo e a sua espontaneidade. Só o hábito é que pode produzir esse fenômeno, e sem dúvida o há de produzir. Já vemos, em torno de nós, com que facilidade os homens se habituam a observar as regras indispensáveis da vida social, contanto que nelas não haja exploração, e que, não havendo nada que provoque a indignação, o protesto, a revolta, nada necessitará de repressão.

Assim, pois, a sociedade capitalista não nos oferece senão uma democracia mutilada, miserável, falsificada, uma democracia só para os ricos, para a minoria. A ditadura do proletariado, período de transição para o comunismo, instituirá pela primeira vez uma democracia para o povo, para a maioria, esmagando ao mesmo tempo, impiedosamente, a atividade da minoria, dos exploradores. Só o comunismo está em condições de realizar uma democracia realmente perfeita; e, quanto mais perfeita for, mais depressa se tornará supérflua e por si mesma se eliminará.

Em outras palavras, no regime capitalista, temos o Estado no sentido próprio da palavra, isto é, uma máquina especialmente destinada ao esmagamento de uma classe por outra, da maioria pela minoria. Compreende-se que a realização de uma tarefa semelhante – a repressão sistemática da atividade de uma maioria de explorados por uma minoria de exploradores – exija uma crueldade, uma ferocidade extrema: são necessárias ondas de sangue através das quais a humanidade se debate na escravidão, na servidão e no salariato.

No período de transição do capitalismo para o comunismo, a repressão é ainda necessária, mas uma maioria de explorados a exerce contra uma minoria de exploradores. O aparelho especial de repressão do "Estado" é ainda necessário, mas é um Estado transitório, já não é o Estado propriamente dito, visto que o esmagamento de uma minoria de exploradores pela maioria dos escravos assalariados de ontem é uma coisa relativamente tão fácil, tão simples, tão natural, que custará à humanidade muito menos sangue do que a repressão das revoltas de escravos, de servos e de operários assalariados. E isso é tão compatível com uma democracia que abarque uma maioria tão grande da população, que a necessidade de um aparelho especial de coação começa a desaparecer. Os exploradores só estão, naturalmente, em condições de oprimir o povo porque dispõem de um aparelho especial, muito complicado, mas o povo pode coagir os exploradores sem aparelho especial, pela simples organização armada das massas (de que os sovietes de deputados operários e soldados nos fornecem um exemplo, diremos nós, por antecipação).

Finalmente, só o comunismo torna o Estado inteiramente supérfluo, porque não há mais ninguém a coagir (ninguém no sentido social, não de classe), não há mais luta sistemática a levar por diante contra uma certa parte da população. Não somos utopistas e não negamos, de forma alguma, a possibilidade e a fatalidade de certos excessos individuais, como não negamos a necessidade de reprimir esses excessos. Mas, em primeiro lugar, não há para isso necessidade de um aparelho especial de pressão; o povo armado, por si mesmo, se encarregará dessa tarefa, tão simplesmente, tão facilmente, como uma multidão civilizada, na sociedade atual, aparta uma briga ou se opõe a um estupro. Sabemos, aliás, que a principal causa dos excessos que constituem as infrações às regras da vida social é a exploração das massas, condenadas à miséria, às privações. Uma vez suprimida essa causa principal, os próprios excessos começarão infalivelmente a "definhar" também. Não sabemos com que presteza, nem com que gradação, mas é certo que irão definhando. E o Estado desaparecerá com eles.

Marx, sem cair na utopia, indicou mais detalhadamente o que, desde já, é possível saber das duas fases, uma inferior e outra superior, do desenvolvimento da sociedade comunista.

3. Primeira fase da sociedade comunista

Na *Crítica ao programa de Gotha*, Marx refuta detalhadamente a ideia de Lassalle, segundo a qual o operário, sob o regime socialista, receberá o produto "intacto", o "produto integral" do seu trabalho. Ele demonstra que, da totalidade do produto social, é preciso deduzir o fundo de reserva, o fundo de ampliação de produção, a amortização da ferramenta usada etc., e, em seguida, sobre os objetos de consumo, um fundo para as despesas de administração para as escolas, os hospitais, os asilos de velhos etc.

Em lugar da fórmula imprecisa, obscura e geral de Lassalle sobre o direito do operário ao "produto integral do seu trabalho", Marx estabelece o orçamento exato da gestão de uma sociedade socialista. Ele faz a análise concreta das condições de vida em uma sociedade liberta do capitalismo, e expressa-se assim:

> O que se trata aqui é de uma sociedade comunista, não tal como se desenvolveu na base que lhe é própria, mas, ao contrário, tal como acaba

de sair da sociedade capitalista; por conseguinte, de uma sociedade que, sob todos os pontos de vista, econômico, moral e intelectual, traz ainda os estigmas da antiga sociedade de cujos flancos sai.

É essa sociedade comunista que acaba de sair dos flancos do capitalismo, e que ainda traz todos os estigmas da velha sociedade, o que constitui para Marx a "primeira" fase, a fase inferior do comunismo.

Os meios de produção deixaram de ser, nesse momento, propriedade privada de indivíduos, para pertencerem à sociedade inteira. Cada membro da sociedade, executando uma certa parte do trabalho socialmente necessário, recebe um certificado constatando que efetuou determinada quantidade de trabalho. Com esse certificado, ele recebe, nos armazéns públicos, uma quantidade correspondente de produtos. Feito o desconto da quantidade de trabalho destinada ao fundo social, cada operário recebe da sociedade tanto quanto lhe deu.

Reina uma "igualdade" aparente.

Mas, quando, tendo em vista a ordem social habitualmente chamada socialismo e que Marx chama de primeira fase do comunismo, Lassalle diz que há nela "justa repartição", aplicação do "direito igual de cada um ao produto igual do trabalho", Lassalle se engana e Marx explica por quê.

O "direito igual", diz Marx, encontramo-lo aqui, com efeito, mas é ainda o "direito burguês", o qual, como todo direito, pressupõe uma desigualdade. Todo direito consiste na aplicação de uma regra única a diferentes pessoas, a pessoas que, de fato, não são nem idênticas nem iguais. Por consequência, o "direito igual" equivale a uma violação da igualdade e da justiça.

Com efeito, cada um recebe, por uma parte igual de trabalho social, uma parte igual da produção social (dedução feita da quantidade destinada ao fundo social).

Ora, os indivíduos não são iguais; é um mais forte, outro mais fraco; um é casado, outro celibatário; este tem mais filhos, aquele tem menos etc.

Com igualdade de trabalho, conclui Marx, e, por consequência, com igualdade de participação no fundo social de consumo, um recebe, efetivamente, mais do que o outro, um é mais rico do que o outro etc. Para evitar todas essas dificuldades o direito deveria ser, não igual, mas desigual.

A primeira fase do comunismo ainda não pode, pois, realizar a justiça e a igualdade; hão de subsistir diferenças de riqueza e diferenças injustas; mas o que não poderia subsistir é a exploração do homem pelo homem, pois que ninguém poderá mais dispor, a título de propriedade privada, dos meios de produção, das fábricas, das máquinas, da terra. Destruindo a fórmula confusa e pequeno--burguesa de Lassalle, sobre a "desigualdade" e a "justiça" em geral, Marx indica as fases por que deve passar a sociedade comunista, obrigada, no início, a destruir apenas o "injusto" açambarcamento privado dos meios de produção, mas incapaz de destruir, ao mesmo tempo, a injusta repartição dos objetos de consumo, conforme o trabalho e não conforme as necessidades.

Os economistas vulgares, e entre eles os professores burgueses, inclusive o "nosso" Tugan, acusam continuamente os socialistas de não levarem em conta a desigualdade dos homens e "sonharem" com a supressão dessa desigualdade. Essas censuras, como o vemos, não fazem senão denunciar a extrema ignorância dos senhores ideólogos burgueses.

Não só Marx leva em conta, muito precisamente, essa desigualdade inevitável, mas também tem em conta o fato de que a socialização dos meios de produção – o "socialismo", no sentido tradicional da palavra – não suprime, por si só, os vícios de repartição e de desigualdade do "direito burguês", que continua a predominar enquanto os produtos forem repartidos "conforme o trabalho".

Mas isso, continua Marx, são dificuldades inevitáveis na primeira fase da sociedade comunista, tal como saiu, depois de um longo e doloroso parto, da sociedade capitalista. O direito não pode nunca estar em um nível mais elevado do que o estado econômico e do que o grau de civilização social correspondente.

Assim, na primeira fase da sociedade comunista, corretamente chamada socialismo, o "direito burguês" é apenas parcialmente abolido, na medida em que a revolução econômica foi realizada, isto é, apenas no que toca os meios de produção. O "direito burguês" atribui aos indivíduos a propriedade privada daqueles. O socialismo faz deles propriedade comum. É nisso, e somente nisso, que o "direito burguês" é abolido.

Mas ele subsiste em sua outra função: subsiste como regulador (fator determinante) da repartição dos produtos e do trabalho entre os membros da sociedade. "Quem não trabalha, não come", este princípio socialista já está realizado; "para soma igual de trabalho, soma igual de produtos", este outro princípio socialista está igualmente realizado. Mas isso ainda não é o comunismo e ainda não abole o "direito burguês" que atribui uma soma igual de produtos a pessoas desiguais e por uma soma desigual, realmente desigual, de trabalho.

É uma "dificuldade", diz Marx, mas é uma dificuldade inevitável na primeira fase do comunismo, pois, a não ser que se caia na utopia, não se pode pensar que, logo que o capitalismo seja derrubado, os homens saberão, de um dia para outro, trabalhar para a sociedade sem normas jurídicas de nenhuma espécie. A abolição do capitalismo não dá, aliás, de uma só vez, as premissas econômicas de uma mudança semelhante.

Ora, não há outras normas senão as do "direito burguês". É por isso que subsiste a necessidade de um Estado que, embora conservando a propriedade comum dos meios de produção, conserva a igualdade do trabalho e a igualdade da repartição.

O Estado morre na medida em que não há mais capitalistas, em que não há mais classes e em que, por conseguinte, não há mais necessidade de esmagar nenhuma classe.

Mas o Estado ainda não sucumbiu de todo, pois que ainda resta salvaguardar o "direito burguês" que consagra a desigualdade de fato. Para que o Estado definhe completamente, é necessário o advento do comunismo completo.

4. Fase superior da sociedade comunista

Marx continua:

Em uma fase superior da sociedade comunista, quando houver desaparecido a escravizante subordinação dos indivíduos à divisão do trabalho e, com ela, os antagonismos entre o trabalho manual e o trabalho intelectual; quando o trabalho tiver se tornado não só um meio de vida, mas também a primeira necessidade da existência; quando, com o desenvolvimento dos indivíduos, em todos os sentidos, as forças produtoras forem crescendo e todas as fontes da riqueza pública jorrarem abundantemente, só então o estreito horizonte do direito burguês será completamente ultrapassado e a sociedade poderá inscrever na sua bandeira: "De cada um conforme a sua capacidade, a cada um segundo as suas necessidades".

Agora é que podemos apreciar toda a justeza das observações de Engels, quando cobre de impiedosos sarcasmos esse absurdo emparelhamento das palavras "liberdade" e "Estado". Enquanto existir Estado, não haverá liberdade; quando reinar a liberdade, não haverá mais Estado.

A condição econômica da extinção completa do Estado é o comunismo elevado a tal grau de desenvolvimento que toda oposição entre o trabalho intelectual e o trabalho físico desaparecerá, desaparecendo, portanto, uma das principais fontes de desigualdade social contemporânea, fonte que a simples socialização dos meios de produção, a simples expropriação dos capitalistas é absolutamente impotente para fazer secar de uma só vez.

Essa expropriação tornará possível uma expansão das forças produtoras. Vendo, desde já, o quanto o capitalismo entrava essa expansão, e quanto progresso se poderia realizar, graças à técnica moderna já alcançada, estamos no direito de afirmar, com uma certeza absoluta, que a expropriação dos capitalistas dará infalivelmente um prodigioso impulso às forças produtoras da sociedade humana. Mas, qual será o ritmo desse movimento, em que momento romperá ele com a divisão do trabalho, abolirá a oposição entre o trabalho intelectual e o trabalho físico e fará do primeiro "a primeira necessidade da existência", não o sabemos nem o podemos saber.

Assim, não temos o direito de falar senão do definhamento inevitável do Estado, acentuando que a duração desse processo depende do ritmo em que se desenrolar a fase superior do comunismo. A questão do momento e das formas concretas desse definhamento continua aberta, pois que não temos dados que nos permitam resolvê-la.

O Estado poderá desaparecer completamente quando a sociedade tiver realizado o princípio: "De cada um conforme a sua capacidade, a cada um segundo as suas necessidades", isto é, quando se estiver tão habituado a observar as regras primordiais da vida social e o trabalho se tiver tornado tão produtivo, que toda a gente trabalhará voluntariamente, conforme a sua capacidade. "O estreito horizonte do direito burguês" – com os seus cálculos à Shylock: "Por acaso, não terei trabalhado mais meia hora que o meu vizinho? O meu vizinho não terá recebido salário maior do que o meu?" – esse estreito horizonte será então ultrapassado. A repartição dos produtos não mais exigirá que a sociedade destine a cada um a parte de produtos que lhe cabe. Cada um será livre para ter "segundo as suas necessidades".

Do ponto de vista burguês, é fácil chamar de "pura utopia" um tal regime social e escarnecer malignamente os socialistas que prometem a cada um, sem qualquer controle do seu trabalho, tanto quanto quiser de trufas, de automóveis, de pianos etc. É com zombarias malignas dessa espécie que ainda hoje se sai de apuros a maioria dos "sábios" burgueses que não fazem com isso senão mostrar a sua ignorância e a sua devoção interesseira pelo capitalismo.

A sua ignorância, sim, pois nem um só socialista se lembrou de "profetizar" o advento da fase superior do comunismo. Quando os grandes teóricos do comunismo a preveem, é que supõem uma produtividade do trabalho muito diferente da de hoje, assim como um homem muito diferente do de hoje, muito capaz, como os seminaristas de Pornialovski, de desperdiçar, a torto e a direito, as riquezas públicas e de exigir o impossível.

Até a chegada a essa fase "superior" do comunismo, os socialistas reclamam, da sociedade e do Estado, a fiscalização rigorosa do trabalho e do consumo; mas, essa fiscalização deve começar pela expropriação dos capitalistas e ser exercida pelo Estado dos operários e não pelo Estado dos funcionários.

A defesa interesseira do capitalismo pelos ideólogos burgueses (e sua camarilha, gênero Tseretelli, Tchernov & cia.) consiste precisamente em escamotear, com discussões e frases sobre um futuro longínquo, a questão essencial da política de hoje: a expropriação dos capitalistas, a transformação de todos os cidadãos em trabalhadores, empregados de um mesmo grande "sindicato de produção", o Estado, e a inteira subordinação de todo o trabalho desse sindicato a um Estado verdadeiramente democrático, o Estado dos sovietes dos deputados operários e soldados.

No fundo, quando um sábio professor, e atrás dele o bom público, e com eles Tchernov e Tseretelli, denunciam as insensatas utopias e as promessas demagógicas dos bolcheviques, e declaram impossível a "instauração" do socialismo, o que eles têm em vista é precisamente essa fase superior do comunismo, que ninguém nunca prometeu, como nunca mesmo sonhou em "instaurar", pela razão de que isso é impossível.

Abordamos aqui a questão da distinção científica entre o socialismo e o comunismo, questão tocada por Engels na passagem precedentemente citada sobre a impropriedade do nome de "social-democrata". Na política, a diferença entre a primeira e a segunda fase do comunismo tornar-se-á, com o tempo, sem dúvida, considerável, mas, atualmente, em um regime capitalista, seria ridículo fazer caso dela, e só alguns anarquistas é que podem colocá-la em primeiro plano (se é que ainda existem, entre os anarquistas, pessoas a quem nada ensinou a metamorfose, "à maneira de Plekhanov", dos Kropotkin, dos Grave, dos Corne-

O ESTADO E A REVOLUÇÃO

lissen e outros ases do anarquismo em social-chauvinistas ou em anarcotrincheiristas, conforme a expressão de Gay, um dos raros anarquistas que conservaram a honra e a consciência).

Mas a diferença entre o socialismo e o comunismo é clara. Ao que se costuma chamar socialismo Marx chamou a "primeira" fase ou fase inferior da sociedade comunista. Na medida em que os meios de produção se tornam propriedade comum, pode aplicar-se a palavra "comunismo", contanto que não se esqueça que é esse um comunismo incompleto. O grande mérito da exposição de Marx é também continuar fiel à dialética materialista e à teoria da evolução, considerando o comunismo como alguma coisa que nasce do capitalismo, por via de desenvolvimento. Em lugar de se apegar a definições escolásticas, artificiais e imaginárias, a estéreis questões de palavras (o que é o socialismo? O que é o comunismo?), Marx analisa o que se poderia chamar de graus da maturidade econômica do comunismo.

Na sua primeira fase, no seu primeiro estágio, o comunismo não pode, economicamente, estar em plena maturação, completamente libertado das tradições ou dos vestígios do capitalismo. Daí, esse fato interessante de se continuar prisioneiro do "estreito horizonte do direito burguês". O direito burguês, no que concerne à repartição, pressupõe, evidentemente, um Estado burguês, pois o direito não é nada sem um aparelho capaz de impor a observação de suas normas.

Segue-se que, durante um certo tempo, não só o direito burguês, mas ainda o Estado burguês, sem burguesia, subsistem em um regime comunista!

Pode parecer que isso seja um paradoxo ou um simples quebra-cabeça, e essa censura é frequentemente feita ao marxismo por pessoas que nunca se deram ao trabalho de estudar, por pouco que fosse, a sua substância extraordinariamente profunda.

Mas, a vida nos mostra a cada passo, na natureza e na sociedade, que os vestígios do passado subsistem no presente. Não foi arbitrariamente que Marx introduziu um pouco de "direito burguês" no comunismo; ele não fez mais do que constatar o que, econômica e politicamente, é inevitável numa sociedade saída do capitalismo. A democracia tem uma enorme importância na luta da classe operária por sua emancipação. Mas a democracia não é um limite que não possa ser ultrapassado, e sim uma etapa no caminho que vai do feudalismo ao capitalismo e do capitalismo ao comunismo. Democracia implica igualdade. Compreende-se a importância da luta do proletariado pela igualdade e pelo próprio princípio de igualdade, contanto que sejam compreendidos como convém, no sentido da supressão das classes. Mas, democracia quer dizer apenas igualdade formal. E, logo após a realização da igualdade de todos os membros da sociedade quanto ao gozo dos meios de produção, isto é, a igualdade do trabalho e do salário, erguer-se-á, então, fatalmente, perante a humanidade, o problema do progresso seguinte, o problema da passagem da igualdade formal à igualdade real baseada no princípio: "De cada um segundo a sua capacidade, a cada um segundo as suas necessidades". Por que etapas, por que medidas práticas a humanidade atingirá esse objetivo ideal, não o sabemos nem podemos sabê-lo. Mas, o que importa é ver a imensa mentira contida na ideia burguesa de que o socialismo é algo morto, rígido, estabelecido de uma vez por todas, quando, na realidade, só o socialismo colocará em marcha, em ritmo acelerado, a maioria da população, primeiro, e, depois, a população inteira, em todos os domínios da vida coletiva e da vida privada.

A democracia é uma das formas, uma das variantes do Estado. Por consequência, como todo Estado, ela é o exercício organizado, sistemático, da coação sobre os homens. Isso, por um lado. Mas, por outro lado, é ela o reconhecimento formal da igualdade entre os cidadãos, do direito igual de todos em determinar a forma do Estado e administrá-lo. Segue-se que, a certa altura do seu desenvolvimento, a democracia levanta, logo de início, contra o capitalismo, a classe revolucionária do proletariado e lhe fornece os meios de quebrar, de reduzir a migalhas, de aniquilar a máquina burguesa do Estado (mesmo a do republicano), o exército permanente, a polícia, o funcionalismo, e de substituir tudo isso por uma máquina mais democrática, mas que nem por isso é menos uma máquina de Estado, constituída pelas massas operárias armadas, preparando a organização de todo o povo em milícias.

Aqui, "a quantidade se transforma em qualidade": chegada a esse grau, a democracia sai dos quadros da sociedade burguesa e começa a evoluir para o socialismo. Se todos os homens tomam realmente parte na gestão do Estado, o capitalismo não pode mais manter-se. Ora, o desenvolvimento do capitalismo cria as premissas necessárias para que "todos possam, de fato, tomar parte na gestão do Estado". Essas premissas são, entre outras, a instrução universal, já realizada na maior parte dos países capitalistas avançados, e, depois, "a educação e a disciplina" de milhões de operários pelo imenso aparelho, complicado e já socializado, do correio, das estradas de ferro, das grandes fábricas, do grande comércio, dos bancos etc. etc.

Com tais premissas econômicas, é totalmente impossível derrubar, de um dia para o outro, os capitalistas e os funcionários, e substituí-los, no controle da produção e da repartição, no recenseamento do trabalho e dos produtos, pelos operários armados, pelo povo inteiro em armas (é preciso não confundir a questão do controle e do recenseamento com a questão do pessoal técnico, engenheiros, agrônomos etc.: esses senhores trabalham, hoje, sob as ordens dos capitalistas; trabalharão melhor ainda sob as ordens dos operários armados).

Recenseamento e controle, eis as principais condições necessárias ao funcionamento regular da sociedade comunista na sua primeira fase. Todos os cidadãos se transformam em empregados assalariados do Estado, personificado, por sua vez, pelos operários armados. Todos os cidadãos se tornam empregados e operários de um só truste universal de Estado. Trata-se apenas de obter que eles trabalhem uniformemente, que observem a mesma medida de trabalho e recebam um salário uniforme. Essas operações de recenseamento e de controle foram antecipadamente simplificadas em extremo pelo capitalismo, que as reduziu a formalidades de fiscalização e de inscrição, a operações de aritmética e à entrega de recibos, que são, todas, coisas acessíveis a quem quer que saiba ler e escrever.*

Quando a maioria do povo efetuar, por si mesma e em toda a parte, esse recenseamento e esse controle dos capitalistas (transformados então em empregados) e dos senhores intelectuais que conservarem ainda ares de capitalistas, esse controle tornar-se-á verdadeiramente universal, geral, nacional, e ninguém saberá mais "onde meter-se", para escapar dele.

A sociedade inteira não será mais do que um grande escritório e uma grande fábrica, com igualdade de trabalho e igualdade de salário.

Mas essa disciplina fabril – que, uma vez vencidos os capitalistas e derrubados os exploradores, o proletariado tornará extensiva a toda a sociedade – não é absolutamente o nosso ideal nem o nosso objetivo final; ela é apenas a transição necessária para limpar radicalmente a sociedade das vilanias e das sujeiras da exploração capitalista e permitir-lhe continuar a sua marcha para frente.

A partir do momento em que os próprios membros da sociedade, ou, pelo menos, a sua imensa maioria, tenham aprendido a gerir o Estado, tenham tomado a direção das coisas e organizado o seu controle, tanto sobre a ínfima minoria de capitalistas quanto sobre os pequenos senhores desejosos de conservar os seus ares de capitalistas e sobre os trabalhadores profundamente corrompidos pelo capitalismo, desde esse momento tenderá a desaparecer a

---

* Quando o Estado reduz as suas funções essenciais ao registro e ao controle dos próprios trabalhadores, deixa de ser o "Estado político", e as "funções públicas", de políticas que eram, passam a ser simplesmente administrativas (Ver mais atrás, cap. IV § 2º, a polêmica de Engels com os anarquistas).

necessidade de qualquer administração. Quanto mais perfeita for a democracia, tanto mais próximo estará o dia em que se tornará supérflua. Quanto mais democrático for o Estado, constituído por operários armados e deixando, por isso mesmo, de ser "o Estado no sentido próprio da palavra", tanto mais rápida será também a extinção de qualquer Estado.

Quando toda a gente tiver, de fato, aprendido a administrar e administrar de fato, diretamente, a produção social, quando todos procederem de fato ao registro e ao controle dos parasitas, dos filhos-família, dos velhacos e outros "guardiões das tradições capitalistas", então será tão incrivelmente difícil, para não dizer impossível, escapar a esse recenseamento e a esse controle; e toda tentativa nesse sentido provocará, provavelmente, um castigo tão pronto e tão exemplar (pois os operários armados são gente prática e não intelectuais sentimentais, e não gostam que se brinque com eles), que a necessidade de observar as regras simples e fundamentais de toda sociedade humana tornar-se-á muito depressa um hábito.

Então a porta se abrirá, de par em par, para a fase superior da sociedade comunista e, por conseguinte, para o definhamento completo do Estado.

VI – VULGARIZAÇÃO DO MARXISMO PELOS OPORTUNISTAS

A questão das relações do Estado e da revolução social preocupou muito pouco os teóricos e os publicistas da Segunda Internacional (1889-1914), assim como de resto a questão da revolução em geral. Mas o que há de mais característico no processo de crescimento do oportunismo, que redundou na falência da Segunda Internacional em 1914, é que, justamente nos momentos em que essa questão mais se impunha, tudo se fazia por contorná-la ou por não percebê-la.

Em geral, pode-se dizer que foi evitando a questão das relações da revolução proletária e do Estado, para maior proveito do oportunismo, que se alimentou este último e se desnaturou o marxismo a ponto de vulgarizá-lo completamente.

Para caracterizar rapidamente esse lamentável processo, vejamos os teóricos mais em evidência do marxismo: Plekhanov e Kautsky.

O ESTADO E A REVOLUÇÃO

1. Polêmicas de Plekhanov com os anarquistas

Plekhanov consagrou à questão das relações entre o anarquismo e o socialismo uma brochura especial: *Anarquismo e socialismo*, publicada em alemão em 1894.

Plekhanov conseguiu tratar desse tema, evitando completamente a questão mais atual, mais acesa e, politicamente, mais essencial na luta contra o anarquismo, ou seja, as relações da revolução e do Estado, e a questão do Estado em geral! Essa brochura compreende duas partes: uma parte histórico-literária, contendo materiais preciosos sobre a história das ideias de Stirner, Proudhon etc.; a outra, toda sofística, cheia de grosseiros raciocínios tendentes a insinuar que em nada se distingue um anarquista de um bandido.

Esse amálgama é muito divertido e caracteriza maravilhosamente a atividade de Plekhanov, nas vésperas da revolução e durante todo o período revolucionário na Rússia; foi exatamente assim que Plekhanov se mostrou em 1905 e em 1917: semidoutrinário, semissofista, arrastando-se politicamente a reboque da burguesia.

Já vimos como Marx e Engels, nas suas polêmicas com os anarquistas, puseram em relevo, com o maior cuidado, as suas ideias sobre a revolução e o Estado. Publicando, em 1891, a *Crítica do programa de Gotha*, de Marx, Engels escrevia:

> Nós (Engels e Marx) nos encontrávamos, nesse momento, apenas dois anos após o Congresso de Haia da Primeira Internacional, em plena luta com Bakunin e seus anarquistas.

Os anarquistas empenharam-se em se apropriar da Comuna de Paris, vendo nela como uma confirmação da "sua" doutrina, mas nada compreenderam das lições da Comuna, nem da análise que Marx fez dela. Sobre estas duas questões de política concreta: é preciso demolir a velha máquina do Estado? e pelo que deve ser substituída?, o anarquismo nada trouxe que tivesse, ao menos, um interesse qualquer.

Mas, estudar o "anarquismo e o socialismo", descurando a questão do Estado, sem notar, a esse respeito, o desenvolvimento do marxismo antes e depois da Comuna, era escorregar inevitavelmente para o oportunismo. De fato, o oportunismo só tem a ganhar quando as duas questões que vimos de indicar nunca sejam apresentadas. Para ele, isso é já uma vitória.

2. Polêmica de Kautsky com os oportunistas

A literatura russa possui, sem dúvida alguma, infinitamente mais traduções de Kautsky que nenhuma outra no mundo. Certos social-democratas alemães dizem, caçoando, que Kautsky é muito mais lido na Rússia que na Alemanha. (Diga-se, entre parênteses, que há nessa caçoada um fundamento histórico muito mais profundo do que suspeitam aqueles que a fizeram; em 1905, houve, entre os operários russos, uma procura extraordinária, incrível, das melhores obras da melhor literatura social-democrata do mundo; eles receberam uma quantidade de traduções e de edições desusada em outros países, transplantando, por assim dizer, para o solo jovem do nosso movimento proletário, a experiência enorme de um país vizinho mais adiantado.)

Além da sua exposição popular do marxismo, Kautsky é conhecido, entre nós, principalmente pela sua polêmica com os oportunistas, Bernstein à frente. Mas há um fato quase ignorado e que não se pode deixar em silêncio, se quisermos investigar como foi que Kautsky perdeu tão vergonhosamente a cabeça, a ponto de tornar-se o advogado do social-chauvinismo durante a grande crise de 1914-1917. Esse fato consiste em que, antes de sua campanha contra os representantes do oportunismo na França (Millerand e Jaurès) e na Alemanha (Bernstein), Kautsky manifestara grandes hesitações. A revista marxista *Zaria*, publicada em 1901-1902 em Stuttgart, e que defendia as ideias proletárias revolucionárias, teve que travar polêmica com Kautsky, classificando de "resolução de borracha" a sua resolução mitigada, fugidia, conciliante, para com os oportunistas do Congresso Internacional Socialista de Paris em 1900. Publicaram-se, em alemão, cartas de Kautsky, atestando as mesmas hesitações antes de entrar na sua campanha contra Bernstein.

Uma circunstância muito mais grave é que, até na sua polêmica com os oportunistas, constatamos agora, ao estudar a história da recente traição de Kautsky para com o marxismo, uma tendência sistemática para o oportunismo, precisamente sobre a questão do Estado.

Tomemos a primeira obra capital de Kautsky contra o oportunismo, seu livro sobre Bernstein e o Programa Social-Democrata, em que ele refuta minuciosamente Bernstein. E eis aqui o que é característico.

Nas suas *Premissas do socialismo*, que lhe proporcionaram uma celebridade à maneira de Eróstrato, Bernstein acusa o marxismo de "blanquismo" (acusação mil vezes repetida, desde então, pelos oportunistas e burgueses liberais da Rússia, contra os bolcheviques, representantes do marxismo revolucionário). A esse respeito, Bernstein detém-se, particularmente, na *Guerra civil na França* e tenta, com muita infelicidade, como o vimos, identificar o ponto de vista de Marx, sobre as lições da Comuna, com o de Proudhon. Bernstein salienta, sobretudo, a conclusão que Marx reproduz no prefácio de 1872 ao *Manifesto do Partido Comunista* e que diz que "não basta a classe operária apoderar-se da máquina do Estado para adaptá-la aos seus próprios fins".

Essa expressão "agradou" tanto a Bernstein que ele a repete nada menos do que três vezes no seu livro, comentando-a no sentido mais oportunista e mais desnaturado.

Como vimos, Marx quer dizer que a classe operária deve quebrar, demolir, fazer saltar (*Sprengung,* explosão, a expressão é de Engels) toda a máquina do Estado. Ora, segundo Bernstein, Marx teria, com isso, pretendido pôr a classe operária de sobreaviso contra uma atividade demasiado revolucionária, por ocasião da tomada do poder.

Não pode haver falsificação mais grosseira e mais monstruosa do pensamento de Marx.

Como procedeu Kautsky na sua minuciosa refutação à "bernsteiniada"?

Ele evitou medir toda a profundeza da falsificação infligida ao marxismo pelos oportunistas sobre esse ponto. Reproduz a passagem, acima citada, do prefácio de Engels à *Guerra civil na França*, de Marx, dizendo que, segundo Marx, não basta que a classe operária se apodere simplesmente da máquina do Estado tal como ela é, mas que, de um modo geral, ela pode se apoderar dela – e é tudo. Que Bernstein atribua a Marx justamente o contrário do seu verdadeiro pensamento, e que Marx tenha, desde 1852, atribuído à revolução proletária a função de quebrar a máquina do Estado, de tudo isso Kautsky não diz uma palavra!

Em suma, o que constitui a distinção essencial entre o marxismo e o oportunismo, na questão do papel da revolução proletária, é cuidadosamente ocultado por Kautsky!

Kautsky escreve "contra" Bernstein:

> Podemos, com toda a tranquilidade, deixar para o futuro a tarefa de resolver o problema da ditadura do proletariado.

Isso não é uma polêmica contra Bernstein; mas é, no fundo, uma concessão a Bernstein, uma capitulação diante do oportunismo, pois o oportunismo não quer outra coisa senão "deixar para o futuro, com toda a tranquilidade", todas as questões capitais do papel da revolução proletária.

De 1852 a 1891, durante 40 anos, Marx e Engels ensinaram ao proletariado que ele deve quebrar a máquina do Estado. Ora, Kautsky, em 1899, em presença da traição caracterizada dos oportunistas ao marxismo, escamoteia a questão de saber se é preciso destruir essa máquina, substituindo-a pela questão das formas concretas dessa destruição e abrigando-se atrás desta verdade de filisteu, incontestável (e estéril): que não podemos conhecer antecipadamente essas formas concretas!!

Entre Marx e Kautsky, há um abismo na concepção do papel do partido proletário e da preparação revolucionária da classe operária.

Tomemos a obra seguinte, mais amadurecida, de Kautsky, consagrada também, em grande parte, à refutação dos erros do oportunismo: *A revolução social*. O autor toma, aqui, como assunto, a "revolução proletária" e o "regime proletário". Ele traz muitas ideias de fato preciosas, mas omite justamente o problema do Estado. Essa brochura trata, toda ela, da questão da conquista do poder do Estado, sem mais explicação! Quer dizer que, formulando assim a questão, Kautsky faz uma concessão aos oportunistas, na medida em que admite a conquista do poder, sem a destruição da máquina do Estado. O que em 1872 Marx declarava "envelhecido" no programa do *Manifesto do Partido Comunista* , Kautsky o ressuscita em 1902.

A brochura consagra um capítulo às "formas e meios da revolução social". Trata-se, aí, da greve geral política, da guerra civil e dos "meios de dominação de um grande Estado moderno, tais como a burocracia e o exército"; mas, sobre os ensinamentos que a Comuna forneceu aos trabalhadores, nem uma palavra. Evidentemente, não era por acaso que Engels punha de sobreaviso, principalmente, os socialistas alemães contra a "veneração supersticiosa" do Estado.

Kautsky expõe a coisa assim: o proletariado vitorioso "realizará o programa democrático", e segue a exposição dos artigos desse programa. Sobre o que de novo trouxe o ano de 1871 no que concerne à substituição da democracia burguesa pela democracia proletária – nem uma palavra. Kautsky sai da dificuldade com banalidades sonoras, "do seu gosto", do gênero destas:

> É claro que não chegaremos ao poder se a situação se conserva como é hoje. A própria revolução pressupõe lutas demoradas e sérias que, por si sós, já modificarão a nossa constituição política e social atual.

Isso "é claro", certamente, do mesmo modo que os cavalos comem a aveia e o Volga se lança no Mar Cáspio. Somente é para lastimar que, com a ajuda de uma frase vazia e sonora sobre a luta "profunda", se evite a questão capital para o proletariado revolucionário: saber em que se traduz a "profundeza" da sua revolução para com o Estado e a democracia, por oposição às revoluções não proletárias.

Contornando essa questão capital, Kautsky faz, na realidade, uma concessão ao oportunismo, ao qual ele declara uma guerra que só é temível no sentido verbal. Ele acentua a importância da "ideia de revolução" (mas que valor pode ter essa "ideia", desde que se tem medo de espalhá-la entre os operários sob sua forma concreta?) e diz: "O idealismo revolucionário acima de tudo" declara que os operários ingleses "não são mais que uns pequeno-burgueses"

Na sociedade socialista – escreve Kautsky – podem existir lado a lado [...] as formas mais variadas de empresas: burocráticas (??), sindicalistas, cooperativistas, individuais [...]

Há, por exemplo, explorações que não podem dispensar uma organização burocrática, como as estradas de ferro. Eis aqui, nesse caso, qual poderia ser a organização democrática: os operários elegeriam delegados que constituiriam uma espécie de parlamento, tendo por missão regular o trabalho e fiscalizar a administração burocrática. Outras explorações podem ser confiadas aos sindicatos; outras, enfim, podem ser entregues à cooperação.

Esse argumento errôneo marca um recuo em relação às lições que Marx e Engels tiravam, em 1871, da experiência da Comuna.

A propósito da organização "burocrática" pseudonecessária, as estradas de ferro em nada se distinguem de qualquer outra empresa da grande indústria mecânica, de qualquer fábrica ou grande empresa agrícola capitalista, de qualquer grande armazém. Em todas essas empresas, a técnica prescreve a disciplina mais rigorosa, a maior pontualidade no cumprimento da parte de trabalho fixada a cada um, sob pena de fazer parar toda a empresa, de ruptura do mecanismo, ou de deterioração da mercadoria. Evidentemente, em todas essas empresas, os operários "elegerão delegados que constituirão uma espécie de Parlamento".

Mas, aqui é que está o ponto importante: essa "espécie de parlamento" não será um parlamento no sentido burguês da palavra. Essa "espécie de parlamento" não se contentará em "re-

O ESTADO E A REVOLUÇÃO

gular o trabalho e fiscalizar a administração burocrática", como o imagina Kautsky, cujo pensamento não vai além dos quadros do parlamentarismo burguês. Na sociedade socialista, uma "espécie de parlamento" de deputados operários determinará, evidentemente, o regulamento interno e fiscalizará o funcionamento do "aparelho", mas esse aparelho não será "burocrático". Os operários, senhores do poder político, quebrarão o velho aparelho burocrático, o demolirão de alto a baixo, não deixarão pedra sobre pedra e o substituirão por um novo aparelho, compreendendo os operários e os empregados e, para impedir que estes se tornem burocratas, tomarão imediatamente as medidas propostas por Marx e Engels: 1º) elegibilidade e também amovibilidade em qualquer tempo; 2º) salário igual ao de um operário; 3º) participação de todos no controle e na fiscalização, de forma que todos sejam temporariamente "funcionários", mas que ninguém possa tornar-se "burocrata".

Kautsky não pensou em absolutamente nada do sentido destas palavras de Marx:

A Comuna devia ser, não uma assembleia falante, mas uma assembleia de ação; tinha ela, ao mesmo tempo, o poder executivo e o poder legislativo.*

Kautsky não compreendeu, absolutamente, a diferença entre o parlamentarismo burguês, de um lado, que une a democracia (não para o povo) à burocracia (contra o povo), e a democracia proletária, de outro lado, que tomará imediatamente medidas para extirpar a burocracia e terá força bastante para executá-las até o fim, até a completa extirpação da burocracia, até o estabelecimento de uma democracia completa para o povo.

Kautsky, como os outros, deu, aqui, provas de "veneração supersticiosa" pelo Estado, de "crença supersticiosa" na burocracia.

Passemos à última e melhor obra de Kautsky contra os oportunistas, o seu *Caminho do poder* (não traduzido em russo, segundo parece, pois apareceu no auge da reação tsarista, em 1909). Essa

---

* Marx, *A guerra civil na França*. (N. de A. L.)

obra marca um grande progresso, quando trata, não do programa revolucionário em geral, como a obra de 1899 contra Bernstein, não do papel da revolução social independentemente da época em que esta explodirá, como a *Revolução Social*, de 1902, mas das condições concretas que nos obrigam a reconhecer que "a era da revolução" se inaugura.

O autor fala nitidamente da agravação dos antagonismos de classe em geral e do imperialismo, que, sob esse aspecto, desempenha um papel considerável. Depois do "período revolucionário de 1789-1871" na Europa ocidental, o ano de 1905 inaugurou um período análogo para o Oriente. A guerra mundial se aproxima com uma rapidez perigosa.

> Não se tratará mais, para o proletariado, de uma revolução prematura.
>
> Entramos no período revolucionário [...] A era revolucionária começa.

Essas declarações são muito claras. Essa brochura de Kautsky nos permitirá comparar o que prometia ser a social-democracia alemã antes da guerra imperialista e até onde ela caiu (e Kautsky com ela) no momento da guerra.

> A situação atual – escrevia Kautsky – encerra o perigo de podermos facilmente ser tomados (nós, social-democratas alemães) por mais moderados que na realidade o somos.

Os fatos demonstraram que o partido social-democrata alemão era incomparavelmente mais moderado e mais oportunista do que parecia!

É tanto mais característico que, depois de ter tão categoricamente declarado aberta a era da revolução, Kautsky, em uma obra consagrada, segundo a sua própria expressão, à análise da "revolução política", deixe de novo completamente de lado a questão do Estado.

De todas essas omissões, de todos esses silêncios, de todas essas escapatórias, só podia resultar, no fim das contas, uma passagem completa para o oportunismo, como vamos demonstrá-lo.

A social-democracia alemã, encarnada por Kautsky, parecia proclamar: conservo as minhas ideias revolucionárias (1889);

reconheço a inelutabilidade da revolução social do proletariado (1902); reconheço que uma nova era de revoluções se abriu (1909); mas, volto, entretanto, aos princípios proclamados por Marx em 1852, tal como se põe a questão do papel da revolução proletária em relação ao Estado (1912).

Foi o que apareceu categoricamente na polêmica com Pannekoek.

3. Polêmica de Kautsky com Pannekoek

Pannekoek se manifestou contra Kautsky como um dos representantes da tendência radical de esquerda, compreendendo Rosa Luxemburgo, Karl Radek e outros, que, preconizando a tática revolucionária, partilhavam a convicção de que Kautsky se conduzia como "centrista", oscilando, sem princípios, entre o marxismo e o oportunismo. A justeza dessa apreciação foi demonstrada pela guerra, durante a qual a política do "centro" (falsamente chamada marxista) ou do "kautskismo" se revelou em toda a sua repugnante indigência.

Num artigo sobre a questão do Estado: "A ação de massa e a revolução" (*Neue Zeit,* 1912, XXX, 2), Pannekoek caracteriza a posição de Kautsky como um "radicalismo passivo", uma "teoria de espera inativa". "Kautsky não quer ver o processo da revolução". Pondo assim a questão, Pannekoek abordava o assunto que nos interessa: o papel da revolução proletária em face do Estado.

A luta do proletariado – escrevia ele – não é simplesmente uma luta contra a burguesia pelo poder governamental, é também uma luta contra esse poder [...] A revolução proletária consiste em aniquilar os meios de força do Estado e repeli-los (literalmente: dispersar, *aufloesung*) pelos meios de força do proletariado [...] A luta só terá fim uma vez atingido o resultado, uma vez a organização do Estado completamente destruída. A organização da maioria atesta a sua superioridade aniquilando a organização da minoria dominante.

As fórmulas com que Pannekoek envolve a sua ideia pecam grandemente. A ideia não deixa, por isso, de ser menos clara, e é interessante ver como Kautsky procura refutá-lo.

Até aqui – diz ele – a oposição entre os social-democratas e os anarquistas consistia em que os primeiros queriam conquistar o poder governamental, e os segundos destruí-lo. Pannekoek quer uma e outra coisa.

Se à exposição de Pannekoek faltam clareza e caráter concreto (sem falar dos outros defeitos do seu artigo, que não se relacionam com o nosso assunto), Kautsky aprendeu bem o princípio essencial e, nesse princípio essencial, ele renuncia inteiramente ao marxismo, para atirar-se em cheio no oportunismo. A distinção que ele estabelece entre os social-democratas e os anarquistas está completamente errada, e o marxismo foi definitivamente desnaturado e empobrecido.

A distinção entre os marxistas e os anarquistas consiste nisto: 1º) os marxistas, embora propondo-se à destruição completa do Estado, não a julgam realizável senão depois da destruição das classes pela revolução socialista, como resultado do advento do socialismo, terminando na extinção do Estado; os anarquistas querem a supressão completa do Estado, de um dia para o outro, sem compreender as condições que a tornam possível; 2º) os marxistas proclamam a necessidade de o proletariado se apoderar do poder político, destruir totalmente a velha máquina do Estado e substituí-la por uma nova, consistindo na organização dos operários armados, segundo o tipo da Comuna; os anarquistas, reclamando a destruição da máquina do Estado, não sabem claramente pelo que o proletariado a substituirá nem que uso fará do poder revolucionário, pois repudiam qualquer uso do poder político pelo proletariado revolucionário e negam a ditadura revolucionária do proletariado; 3º) os marxistas querem preparar o proletariado para a revolução, utilizando-se do Estado moderno; os anarquistas repelem essa maneira de agir.

Nessa disputa, é Pannekoek que representa o marxismo contra Kautsky; foi de fato Marx quem ensinou que o proletariado não pode apoderar-se do poder pura e simplesmente, o que não faria senão passar para novas mãos o velho aparelho do Estado, mas sim que deve quebrar, demolir esse aparelho e substituí-lo por um novo.

Kautsky abandona o marxismo pelo oportunismo; de fato, para ele não se trata de destruir a máquina do Estado, coisa completamente inadmissível para os oportunistas, mas de abrir-lhes, assim, uma brecha que permita interpretar a "conquista" do poder como uma simples aquisição da maioria.

Para dissimular essa deformação do marxismo, Kautsky, como bom escolástico, faz uma citação de Marx. Em 1850, Marx falava da necessidade de uma "centralização vigorosa nas mãos do Estado". E Kautsky triunfa: Não quer Pannekoek destruir a "centralização"?

Eis um passe de mágica que lembra o de Bernstein identificando o marxismo como o proudhonismo, a propósito do federalismo e do centralismo.

A "citação" de Kautsky vem como um cabelo na sopa. A centralização é possível tanto com a velha quanto com a nova máquina de Estado. Se os operários unirem, voluntariamente, as suas forças armadas, isso será centralismo, mas assentando sobre a "destruição completa" do Estado centralista, do exército permanente, da polícia, da burocracia. Kautsky procede, na verdade, desonestamente, pondo de lado as observações admiráveis e famosas, de Marx e de Engels, a respeito da Comuna, para ir buscar uma citação que nada tem a ver com a questão.

> Talvez Pannekoek queira suprimir as funções governamentais dos funcionários? – continua Kautsky. Mas nós não dispensamos os funcionários nem no partido, nem nos sindicatos, sem falar das administrações. O nosso programa reclama, não a supressão dos funcionários de Estado, mas a sua eleição pelo povo [...]
>
> Trata-se agora, entre nós, não de saber que forma tomará o aparelho administrativo do "Estado futuro", mas de saber que a nossa luta política destruirá (literalmente: dispensará, *aufloesung*) o poder governamental, *antes de o termos conquistado.*[*] Qual o ministério que, com os seus funcionários, poderia ser abolido?

---

[*] Grifado por Kautsky.

Ele enumera os ministérios da Instrução, da Justiça, das Finanças, da Guerra.

Não, nenhum ministério será suprimido pela nossa luta política contra o governo [...] Repito, para evitar mal-entendidos, que se trata, não de se saber que forma se dará ao "Estado futuro" a social-democracia vitoriosa, mas de saber como nossa oposição transformará o Estado atual.

É uma verdadeira falsificação. Pannekoek tratava da revolução. O título de seu artigo e as passagens citadas o diziam claramente. Saltando para a questão da "oposição", Kautsky substitui o ponto de vista revolucionário pelo ponto de vista oportunista. Afinal de contas, o seu raciocínio se reduz a isto: agora, oposição; depois da conquista do poder, falaremos de outra coisa. A revolução desaparece! É justamente do que precisavam os oportunistas.

Não se trata nem de oposição nem de luta política em geral, mas da revolução. A revolução consiste em que o proletariado destrói o "aparelho administrativo" e o aparelho do Estado inteiro, para substituí-lo por um novo, isto é, pelos operários armados. Kautsky demonstra uma "veneração supersticiosa" pelos "ministérios", mas por que não se poderia substituí-los, por exemplo, por comissões de especialistas, junto aos sovietes soberanos e onipotentes de deputados operários e soldados?

O essencial não é que os "ministérios" subsistam, ou que sejam substituídos por "comissões de especialistas" ou por outras, pois isso não tem importância alguma. A questão essencial é saber se a velha maquinaria governamental (ligada à burguesia por milhares de fios, emperrada e rotineira) será conservada ou será destruída e substituída por uma nova máquina. A revolução não deve resultar em que a nova classe comande e governe por meio da velha máquina de Estado, mas sim em que, depois de ter destruído essa máquina, comande e governe por meio de uma nova máquina: eis a ideia fundamental do marxismo, que Kautsky ou dissimula ou não compreendeu absolutamente.

Sua objeção a respeito dos funcionários prova, de modo evidente, que ele não compreendeu nem as lições da Comuna nem a doutrina de Marx. "Nós não dispensamos os funcionários nem no partido nem nos sindicatos [...]"

Nós não dispensamos os funcionários em um regime capitalista, sob a dominação da burguesia, quando o proletariado vive oprimido e as massas trabalhadoras são escravizadas. Em um regime capitalista, a democracia é acanhada, truncada, desfigurada pela escravidão assalariada, a miséria e o pauperismo das massas. Eis a única razão pela qual, nas nossas organizações políticas e sindicais, os funcionários são corrompidos (ou, mais acertadamente, têm tendência a sê-lo) pelo meio capitalista e tendem a se transformar em burocratas, isto é, em privilegiados destacados das massas e colocando-se acima delas.

Eis a essência do burocratismo, e, enquanto os capitalistas não forem expropriados, enquanto a burguesia não for derrubada, será inevitável uma certa "burocratização", dos próprios funcionários do proletariado.

Em suma, Kautsky diz isto. Enquanto existirem empregados eleitos, haverá funcionários; a burocracia subsistirá, pois, sob o regime socialista! Nada mais falso. Pelo exemplo da Comuna, Marx mostrou que, no regime socialista, os detentores de funções públicas deixam de ser "burocratas", "funcionários", e isso à medida que se estabelece, além da eleição, a sua amovibilidade em qualquer tempo, à medida que se reduzem os seus vencimentos ao nível do salário médio de um operário e que se substituem as instituições parlamentares por instituições "de trabalho, isto é, que fazem e executam as leis".

No fundo, toda a argumentação de Kautsky contra Pannekoek, e particularmente o seu admirável argumento colhido da necessidade de funcionários nas organizações sindicais e no partido, se reduz a uma repetição dos velhos "argumentos" de Bernstein contra o marxismo. No seu livro *As premissas do socialismo*, o renegado

Bernstein declara guerra à ideia de democracia "primitiva", ao que ele chama "o democratismo doutrinário", os mandatos imperativos, os empregos não remunerados, a representação central impotente etc. Para provar a inconsistência do democratismo "primitivo", Bernstein invoca a experiência das *trade-unions* inglesas, interpretada pelo casal Webb. As *trade-unions,* cujo desenvolvimento, no curso de 70 anos, se pretende tenha se dado em "plena liberdade", ter-se-iam convencido da ineficácia do democratismo primitivo e o teriam substituído pelo parlamentarismo ordinário combinado com a burocracia.

Na realidade, as *trade-unions* não se desenvolveram "em plena liberdade", mas em plena escravidão capitalista; elas "não podiam escapar", nessas condições, à necessidade de fazer concessões ao flagelo reinante, à espoliação, à mentira, à exclusão dos pobres da administração superior. No regime socialista, muitos aspectos da democracia "primitiva" hão de necessariamente reviver, pois, pela primeira vez na história das sociedades civilizadas, a massa popular elevar-se-á até a participação independente, não só nos votos e nas eleições, como também na administração cotidiana. No regime socialista, toda a gente governará, por sua vez, e prontamente se habituará a que ninguém governe.

Com o seu gênio crítico e analítico, Marx viu, nas resoluções práticas da Comuna, essa revolução que os oportunistas tanto temem e se recusam a ver, por medo, por repugnância de romper definitivamente com a burguesia; e que os anarquistas se negam igualmente a ver, seja porque se apressam demais, seja porque não compreendem as condições para qualquer transformação social das massas em geral. "Não se deve sonhar em demolir a velha máquina do Estado; que viria a ser de nós sem ministérios nem funcionários?" Eis como raciocina o oportunista, penetrado de espírito filisteu e que, longe de crer na revolução e no seu gênio criador, tem dela um medo mortal (como os nossos mencheviques e socialistas-revolucionários).

"Só se deve pensar em destruir a velha máquina de Estado; inútil querer sondar as lições concretas das revoluções proletárias passadas e analisar pelo que e como se substituirá o que cai em ruínas", assim raciocina o anarquista (o melhor dos anarquistas, naturalmente, e não aquele que, segundo Kropotkin & cia., se arrasta atrás da burguesia); mas, também o anarquista chega, assim, à tática do desespero e não ao trabalho revolucionário concreto, intrépido, inexorável, ao mesmo tempo em que atento, condicionado pelo movimento das massas.

Marx nos ensina a evitar esses dois erros: ele nos ensina a destruir ousadamente toda a velha máquina do Estado, e a colocar ao mesmo tempo a questão concreta: em algumas semanas, a Comuna pôde começar a construir uma nova máquina, uma máquina de Estado proletária, aplicando as medidas assinaladas, para ampliar a democracia e suprimir a burocracia. Aprendamos, pois, com os comunardos, a audácia revolucionária, vejamos nas suas medidas práticas um esboço das reformas fundamentais e imediatamente realizáveis, e, seguindo esse caminho, chegaremos à supressão completa da burocracia.

A possibilidade dessa supressão nos é assegurada pelo fato de que o socialismo reduzirá o dia de trabalho, elevará as massas a uma nova vida e colocará a maioria da população em condições que permitam a todos, sem exceção, o desempenho das "funções governamentais", o que dará como resultado a extinção completa de todo Estado.

O papel da greve geral – continua Kautsky – não pode consistir em destruir o poder político, mas unicamente em levar o governo a concessões sobre uma determinada questão ou em substituir um governo hostil ao proletariado por outro que vá ao encontro (*entgegenkommende*) das suas necessidades. Mas nunca, em caso algum, isso (essa vitória do proletariado sobre um governo hostil) pode levar à destruição do poder político; disso só pode resultar um certo deslocamento (*Verschiebung*) de forças no interior do poder político [...] o nosso objetivo continua a ser, como no passado, a conquista do poder político pela aquisição da maioria do Parlamento e a transformação do Parlamento em governo soberano.

Eis ai o oportunismo mais puro e mais vulgar, a renúncia de fato à revolução que se reconhece verbalmente. O pensamento de Kautsky não vai além de um "governo favorável ao proletariado". E é um grande passo atrás comparativamente a 1847, visto que o *Manifesto do Partido Comunista* proclamava "a organização do proletariado em classe dominante".

Kautsky ver-se-á reduzido a realizar a "unidade", que ele encarece com os Scheidemann, os Plekhanov, os Vandervelde, todos unânimes em lutar por um "governo favorável ao proletariado".

Quanto a nós, romperemos com esses renegados do socialismo e lutaremos pela destruição de toda a velha máquina do Estado, a fim de que o proletariado armado se torne, ele próprio, o governo. Há governo e governo.

Kautsky ficará na amável companhia dos Legien e dos David, dos Plekhanov, dos Potressov, dos Tseretelli e dos Tchernov, todos partidários do "deslocamento das forças no interior do poder político", da "aquisição da maioria no Parlamento e da subordinação do governo ao Parlamento", nobre ideal perfeitamente aceitável para os oportunistas, e que se mantém inteiramente no quadro da República burguesa parlamentar.

Quanto a nós, romperemos com os oportunistas; e o proletariado consciente estará totalmente conosco na luta, não para o "deslocamento das forças", mas para o derrubamento da burguesia, para a destruição do parlamentarismo burguês, para uma República democrática do tipo da Comuna ou da República dos sovietes de deputados, operários e soldados, para a ditadura revolucionária do proletariado.

O socialismo internacional contém correntes que se situam ainda mais à direita que a de Kautsky: a Revista Socialista Mensal da Alemanha (Legien, David, Kolbe e outros, inclusive os escandinavos Stauning e Branting), os jauresitas* e Vandervelde na França

---

* Adeptos de Jean Jaurès. (N. de A. L.)

e na Bélgica, Turati, Treves e os outros representantes da direita do Partido Socialista Italiano, os fabianos e os independentes (o Independent Labour Party,* que na realidade sempre dependeu dos liberais) na Inglaterra, e *tutti quanti*. Esses senhores, que desempenham um papel considerável e muitas vezes preponderante na ação parlamentar e nas publicações do Partido, rejeitam abertamente a ditadura do proletariado e não disfarçam o seu oportunismo. Para eles, a ditadura do proletariado está "em contradição" com a democracia! No fundo, em nada de sério se distinguem dos democratas pequeno-burgueses.

Essa circunstância nos autoriza a concluir que a Segunda Internacional, na imensa maioria de seus representantes oficiais, caiu completamente no oportunismo. A experiência da Comuna não só foi por ela esquecida, como deturpada. Longe de sugerir às massas operárias que se aproxima o momento em que elas deverão destruir a velha máquina do Estado, substituí-la por uma nova e fazer da sua dominação política a base da transformação socialista da sociedade, sugeriram-lhe precisamente o contrário, e a "conquista do poder" foi apresentada de tal forma que mil brechas ficaram abertas ao oportunismo.

A deformação ou o esquecimento do papel que desempenhará a revolução proletária em relação ao poder não podia deixar de exercer uma influência considerável hoje, quando os Estados, providos de um aparelho militar reforçado pela concorrência imperialista, se tornaram uns monstros belicosos, exterminando milhões de homens para decidir quem é que reinará no mundo, se a Inglaterra ou a Alemanha, isto é, o capital financeiro inglês ou o capital financeiro alemão.

---

* O Partido Trabalhista Independente, fundado em 1893 na Inglaterra, deu lugar ao atual Partido Trabalhista. (N. de A. L.)

POSFÁCIO À PRIMEIRA EDIÇÃO

Esta brochura foi escrita em agosto e setembro de 1917. Eu traçara, também, o plano de um capítulo VII: "A experiência das revoluções russas de 1905 e 1917"; mas, fora o título, "impedido" que fiquei pela crise política que precipitou a Revolução de Outubro de 1917, não tive tempo de escrever uma linha, sequer.* Só temos que nos alegrar com um "impedimento" dessa espécie. Sem dúvida, deve ser deixada para muito mais tarde a redação da segunda parte deste opúsculo ("a experiência das revoluções russas de 1905 e 1917"); é mais útil e mais agradável fazer "a experiência de uma revolução" do que escrever sobre ela.

O autor

---

* Lenin chegou a escrever, aliás, as linhas seguintes, interrompendo aí a redação: "O assunto indicado nesse título é tão vasto que se pode e deve consagrar-lhe alguns volumes. Somos forçados a nos limitar naturalmente, nesta brochura, às lições mais importantes da experiência no que concerne às tarefas do proletariado em relação ao poder político durante a revolução". (N. de A. L.)

ANEXO

LENIN E A INSTRUMENTALIDADE DO ESTADO[1]

José Paulo Netto

Quando se trata de obras "clássicas" – como é o caso de *O Estado e a revolução*, "obra capital dentro do marxismo", no acertado dizer de Florestan Fernandes[2] –, dificilmente, para não ir ao extremo de afirmar nunca, a relação que se estabelece entre o leitor e o texto é imediata. Entre o olho que lê e a escrita que se lê interpõem-se a história, as resultantes de processos sociopolíticos, o rescaldo de polêmicas teóricas – toda uma cadeia de mediações que vai de acidentes biográficos a experiências de uma época e uma cultura. É frequente ocorrer que, refratado por essas lentes e luzes, o texto original se torne inapreensível: dos seus *usos,* derivam os seus *abusos.*

---

[1] Este texto, redigido pelo autor em janeiro de 1987, foi originalmente publicado como prefácio a uma outra tradução de *O Estado e a revolução* (São Paulo: Global, 1987) e constituiu parte do livro *Marxismo impenitente. Contribuição à história das ideias marxistas* (São Paulo: Cortez, 2004). Agradecemos ao prof. José Paulo Netto a permissão para reeditá-lo neste volume.

[2] Cf. "Apresentação" deste volume, p. 9.

Essa observação me parece inteiramente válida em face de *O Estado e a revolução*, doravante citado como *O Estado*... Afinal, Lenin (e, *nisto,* ele ocupa posto rigorosamente similar ao de Marx) raramente é tomado por seus leitores na integridade original da sua obra: pelo seu relevo no pensamento político do século XX e pela incidência que teve na sua história, bem como pelas próprias peculiaridades da sua intervenção teórica e prática, Lenin quase nunca se mostra ao leitor tal como é. A sua leitura é mediada por *leituras* – um largo acúmulo de exegeses, análises, interpretações, reinterpretações e mistificações onde, ao cabo de 80 anos após o seu desaparecimento, há sabores para todos os paladares. Em face de Lenin, o procedimento mais recorrente é o que pode ser ilustrado pela máxima extraída de Molière: *je prends mon bien où je le trouve.*

Não creio que seja factível – e isto, obviamente, não diz respeito só a Lenin – cortar, suspender estas mediações e promover o contato "puro" entre o leitor e o seu texto original. Aliás, nem factível nem desejável: o "retorno às fontes", se não for mobilizado a partir dos *nossos* problemas e questões, pode degradar-se no eruditismo, esse viés que, mumificando os "clássicos", faz as delícias do mandarinato acadêmico. Mas é inteiramente factível, desejável e, sobretudo, necessário *controlar* o rol das lentes que se interpõem entre nós e os textos – criticando as leituras não para chegar à Leitura, porém para escoimá-las de seu lastro de arbítrio, equívoco e oportunismo.

Quanto a Lenin, este controle é cada vez mais urgente. A partir da operação estalinista que forjou o marxismo-leninismo[3] (e das tradições estalinista e neo-estalinista que o alimentam e se alimentam dele), passou a valer tudo. Althusser pôde afirmar, com a lepidez própria da neodogmática sobrevinda ao XX Congresso do

---

[3] Sobre o papel de Stalin na instauração do marxismo-leninismo, detive-me na introdução que preparei para o volume que leva o seu nome na coleção "Grandes cientistas sociais" (cf. Netto, org., 1982).

PCUS (1956), que Lenin compreendera Hegel *antes* de estudá-lo (Althusser, 1975, p. 88). E Carlo, analisando a concepção lenineana do partido revolucionário, descobriu não menos que cinco Lenins (Carlo, 1976). Neste quadro, não é de surpreender que o biógrafo burguês de Lenin, Louis Fischer, cuidando especificamente de *O Estado...,* tenha tido a coragem – se não cabe outra palavra – de garantir que "este livro é o único escrito de Lenin que não é marxista" (Fischer, 1967, 1, p. 170).

Contudo, a listagem das contrafações, aqui, não procede – sejam elas produtos de uma angulação particular que deforma involuntariamente o objeto da análise, sejam frutos de uma avaliação aleatória ou, mesmo, de desonestidade intelectual. Cumpre somente pontuar que, em qualquer caso,

> é repudiável o método consistente em isolar tal ou qual frase do seu contexto teórico e histórico – porque, então, a má fé pode encontrar o pretexto para qualquer demonstração. O pensamento de Lenin é uma síntese global, um complexo coordenado, uma totalidade cujos elementos explicam-se mutuamente (Demichel, *in* Vv. Aa., 1978, 4, p. 176).

Neste nível reside um primeiro parâmetro para o controle antes referido – a inserção de cada momento da reflexão de Lenin no conjunto de que é parte constitutiva. Um segundo parâmetro de controle, de instrumentalização mais difícil, é o estabelecimento das conexões entre tais momentos e o bloco cultural (teórico, ideológico, político) da tradição marxista, buscando apanhar o que, contraditória e problematicamente, os liga e diferencia.

Procurando um mínimo comprometimento com esses dois parâmetros, este escrito não ambiciona, nem de longe, a restituição da integridade original de *O Estado...* Objetiva algo mais modesto: municiar o leitor (com fartas sugestões bibliográficas, com referências histórico-teóricas e com uma indicação analítico-interpretativa que se pretende colada, rente ao pensamento lenineano) para que ele mesmo, defrontado com uma obra que não pode ser ladeada na apreciação da tradição marxista, na avaliação do movimento comunista e na construção da teoria social, para que ele mesmo controle a sua leitura – e, também, a de outros, inclusive a de quem subscreve estas páginas.

A gênese imediata, a estrutura temática e as teses centrais do texto

O Estado..., último grande texto *teórico* de Lenin, foi escrito entre agosto e setembro de 1917 e publicado em 1918, após a vitória de Outubro. Redigido na clandestinidade,[4] tem um eixo temático que reponta em vários outros trabalhos lenineanos do período,[5] e não pode ser divorciado das polêmicas que Lenin deflagra logo que reingressa na Rússia, a propósito das tarefas imediatas dos revolucionários marxistas – mais exatamente, a propósito da *tática* a ser implementada pelos bolcheviques nos desdobramentos da revolução de fevereiro.

Tais polêmicas, abertas aliás no dia seguinte ao seu retorno à pátria, com as "Teses de abril", inserem-se tanto no debate particular dos bolcheviques – quer entre as diferenciadas correntes do partido, quer na sua relação com os outros segmentos revolucionários –

---

[4] Conforme se sabe, Lenin inicia a viagem de regresso do exílio a 9 de abril, deixando Berna com destino a Estocolmo, onde chega a 14; nesta mesma noite, ruma para a Rússia, desembarcando em Petrogrado a 16 e logo imergindo na ação política. A ofensiva contrarrevolucionária desatada a partir de julho obriga-o à clandestinidade (de 19 deste mês a 6 de novembro), primeiro em Razliv, depois na Finlândia, de onde retorna (a 20 de outubro) para dirigir a insurreição.
Para uma informação detalhada deste período, cf. Hill (1963), Trotsky (1967, I, cap. XV, praticamente todo o volume II e III, capítulos V, VII e VIII), Fischer (1967, I, capítulos 6 a 10); a versão estalinista pode ser localizada em V.v. A.a. (1955, capítulo IX); a crônica oficial soviética, posterior aos XX e XXII Congressos do PCUS, está em Ponomariov, org. (s.d., capítulo VII); para abordagens mais abrangentes, além do recurso aos textos referentes ao período de E. H. Carr, sem dúvida indispensáveis à compreensão da dinâmica da revolução, é de consultar-se Ellenstein (1976, I).

[5] Basicamente nas "Teses de abril" ("Sobre as tarefas do proletariado na presente revolução"), depois desenvolvidas em "As tarefas do proletariado na nossa revolução", "Sobre a dualidade de poderes", "A catástrofe que nos ameaça e como combatê-la", "Uma das questões fundamentais da revolução", "O marxismo e a insurreição" e "Conservarão os bolcheviques o poder de Estado?".

quanto no marco das discussões que, desde a emergência da guerra, polarizavam o conjunto do movimento socialista.[6]

No primeiro caso, situa-se o confronto com o *velho bolchevismo*, sobretudo representado por Kamenev, e com os mencheviques e social-revolucionários; no segundo, a denúncia das posições capitulacionistas da Segunda Internacional, tipificadas por Kautsky.[7] A gênese próxima de *O Estado...*, porém, é um pouco anterior aos problemas postos na ordem do dia pelos desenvolvimentos que sucedem aos eventos de fevereiro – data, com efeito, do verão de 1916.

Foi então que Lenin conheceu um ensaio de Bukharin, "Contribuição à teoria do Estado imperialista", remetido para publicação no periódico ilegal *Sbornik Sotzial-Demokratik*. Lenin, que no ano anterior já divergira de Bukharin,[8] recusou-se a divulgar o texto e sugeriu ao autor que "amadurecesse" suas ideias. Bukharin, no entanto, não atendeu ao conselho e, sob a firma *Nota bene,* inseriu o trabalho na revista da Internacional Juvenil Socialista, *Die Jugend Internationale.*[9] Rapidamente, Lenin começa a coletar materiais com o objetivo de replicar às concepções defendidas por Bukharin; mas, também rapidamente, o alvo da sua crítica se desloca: "Estou preparando um artigo (quase concluí a recolha de materiais) sobre a questão da posição do marxismo acerca do Estado. Estou chegando a conclusões ainda mais duras contra Kautsky do que contra Bukharin" – escreveu a A. Kollontai, a 17 de fevereiro de 1917. E, não muito depois, em carta a I. Armand:

---

6   Por isto, verifica-se em *O Estado...* a intercorrência da crítica lenineana aos "oportunistas" russos e não russos.

7   Para uma análise destas polêmicas, cf. especialmente Getzler e Reiman, *in* Hobsbawm, org. (1985, p. 5); outro texto de consulta referido sobretudo à questão do *revisionismo* é o de Gustafsson (1975).

8   Sobre esta divergência, surgida na Conferência de Berna, cf. Gerratana (1975, II, cap. I).

9   Sobre o debate Lenin/Bukharin acerca da questão do Estado (e não só), cf. o instigante ensaio de Antônio Roberto Bertelli, "A questão do Estado e da transição em Lenin e Bukharin" (Bertelli, 1986); sobre as relações entre os dois revolucionários neste período, cf. Blanc e Kaisergruber (1979, capítulo I).

Nos últimos tempos, ocupei-me intensamente com a questão relativa à posição do marxismo em face do *Estado*; recolhi muito material e creio ter chegado a conclusões bastante interessantes e importantes, *bem mais* contra Kautsky do que contra N. Iv. Bukharin – este, embora equivocado, encontra-se mais próximo da *verdade* que Kautsky (estas cartas encontram-se em Gerratana, 1975, II, p. 20).

O conjunto dos materiais referidos, preparado em janeiro-fevereiro de 1917, ainda em Zurique, constituía um manuscrito de 48 páginas, posteriormente conhecido como *O marxismo e o Estado*[10] e que, quando pôde retornar à Rússia, Lenin deixou em Estocolmo. Em julho, preocupado com a sorte do manuscrito – e com a sua mesma –, Lenin pediu a Kamenev que se encarregasse da sua edição;[11] recebendo os escritos em seguida, a partir deles elaborou *O Estado...*[12]

O livro vem à luz sem um sétimo capítulo, que deveria concluir o opúsculo tratando da "experiência das revoluções russas de 1905 e 1917" – o capítulo acabou adiado para sempre porque, como o autor esclarece no posfácio, datado de 30 de novembro de 1917, "é mais agradável e mais útil viver a 'experiência da revolução' do que escrever sobre ela".[13] A sua arquitetura é extremamente linear, numa "configuração formalmente escolástica" (Gerratana); e a forma, nele, expressa,

---

[10] Publicado pela primeira vez, em russo, em 1930; recorro à versão castelhana: Lenin (1980).

[11] "*Entre nous:* se me prendem, peço-lhe que edite o meu texto *O marxismo e o Estado* (ficou em Estocolmo). Capa azul, encadernado. Reuni todas as citações de Marx e de Engels, bem como de Kautsky contra Pannekoek. Há uma série de observações, notas e fórmulas. Creio que, com uma semana de trabalho, estará pronto para publicação. Considero-o importante, pois não apenas Plekhanov, mas também Kautsky confundiu as coisas" – carta a Kamenev (cf. Lenin, 1980, p. 115).

[12] *O Estado...* não aproveita inteiramente os materiais reunidos no manuscrito – por exemplo, Lenin não se vale das cartas de Engels a Lafargue e de Marx aos *communnards* Frankel e Varlin.

[13] Na verdade, o plano original do opúsculo não compreendia apenas mais o sétimo capítulo, mas também um oitavo, à moda de resumo – cf. Lenin (1980, p. 86-87). Tomando como pretexto este caráter "inacabado" do texto, Stalin, em 1939, legitimou a sua teoria sobre o Estado na transição socialista (cf. Gerratana, 1975, II, p. 7-14).

substancialmente através de procedimentos expositivos, uma construção teórica concentrada num restrito núcleo temático – o Estado, a revolução e o Estado burguês, a transição socialista e seu Estado, a ditadura do proletariado e a democracia, o comunismo –, sempre com um fio polêmico principalmente voltado contra os ideólogos representativos da Segunda Internacional capitulacionista. Convém resumir esquematicamente esta estrutura, antes de caminhar no sentido de contextualizar e problematizar o trabalho lenineano.

O texto de Lenin se organiza em torno de três eixos fundamentais, a cujo tratamento se dedica cumulativamente: a ideia da imediata destruição da máquina estatal burguesa, a tese da ditadura do proletariado e a viabilidade da extinção do Estado.

No capítulo I, pontuando que o objetivo geral do seu trabalho "consiste, antes de mais, em *restabelecer* a verdadeira doutrina de Marx sobre o Estado",[14] Lenin recorre basicamente a escritos de Engels (*A origem da família, da propriedade privada e do Estado* e *Anti-Dühring*) para determinar os traços mais gerais do Estado: seu caráter de produto social emergente "onde, quando e na medida em que as contradições de classe objetivamente *não podem* ser conciliadas" (p. 226), sua funcionalidade como "órgão de dominação de classe, um órgão de *opressão* de uma classe sobre outra" (*idem*) e seu fim, diverso conforme a sua natureza de classe – enquanto o Estado burguês é *abolido* pela revolução, o Estado proletário *extingue-se*:

> A substituição do Estado burguês pelo proletário é impossível sem revolução violenta. A supressão do Estado proletário, isto é, a supressão de todo o Estado, é impossível a não ser pela via da extinção (p. 236).

No capítulo II, Lenin se interessa por apanhar, vinculando-as ao *Manifesto do Partido Comunista,* as linhas de força da experiência de 1848, referindo-se preferencialmente a Marx (à

---

[14] Todas as citações que farei de *O Estado...* são extraídas de Lenin (1978, II); os números entre parênteses remetem às páginas desta edição.

Miséria da filosofia e, muito especialmente, a *O dezoito brumário de Luís Bonaparte).*[15] Nesse capítulo, dois são os elementos salientes da reflexão lenineana. De uma parte, a sua argumentação centra-se na reafirmação da essência do Estado como aparelho coercitivo-repressivo "O Estado é a organização especial da força, é a organização da violência para a repressão de uma classe qualquer" (p. 238), tese recorrente em todo o texto. Mas a este elemento acopla-se outro, de enorme densidade e relevância na ótica de Lenin: a noção de *ditadura do proletariado.*[16] Assim ele interpreta o pensamento marx-engelsiano dos fins da década de 1840:

A doutrina da luta de classes, aplicada [...] à questão do Estado e da revolução socialista, conduz necessariamente ao reconhecimento do *domínio político* do proletariado, da sua ditadura, isto é, de um poder não partilhado com ninguém e que se apoia diretamente na força armada das massas. A derrubada da burguesia só pode ser realizada pela transformação do proletariado em *classe dominante* capaz de reprimir a resistência inevitável, desesperada, da burguesia e de organizar para um novo regime de economia *todas* as massas trabalhadoras e exploradas (p. 239).

Logo, na ótica de Lenin,

o proletariado necessita do poder de Estado, de uma organização centralizada da força, de uma organização da violência, tanto para reprimir a resistência dos exploradores como para *dirigir* a imensa massa da população [...] na obra da organização da economia socialista (*idem*).

E conclui que

a transição do capitalismo para o comunismo não pode naturalmente deixar de dar uma enorme abundância e variedade de formas políticas,

---

[15] A segunda edição de *O Estado...*, lançada em 1919, apresenta um acréscimo a esse capítulo: o ponto 3, glosando a carta de Marx a Weydemeyer (5 de março de 1852).

[16] A noção é tão relevante para Lenin que ele não vacila em estabelecer o seguinte critério para a filiação a Marx: "Só é marxista aquele que *alarga* o reconhecimento da luta de classes até o reconhecimento da *ditadura do proletariado*" (p. 244-245). No ano seguinte, a polêmica contra Kautsky (Kautsky e Lenin, 1978) evidenciaria a operacionalização desse critério. Cf. *infra,* nota 57.

mas a sua essência será necessariamente uma só: a *ditadura do proletariado* (p. 245).

No capítulo III, desmistificando o parlamentarismo e recusando o utopismo,[17] e recorrendo especialmente a textos marxianos sobre a experiência da Comuna de Paris,[18] Lenin prossegue tematizando a substituição do Estado burguês. Ele, que já mencionara a indicação marxiana sobre a necessidade de destruir, de *quebrar* o Estado burguês (e não de aperfeiçoá-lo), evoca agora as palavras de Marx a Kugelmann, de abril de 1871 – "Destruir a máquina de Estado burocrática e militar" –, realçando que, nelas, "encerra-se [...] a principal lição do marxismo sobre a questão das tarefas do proletariado relativamente ao Estado na revolução" (p. 247).[19] Segundo Lenin, a resposta dada pelo *Manifesto do Partido Comunista* à questão da substituição do Estado burguês (que sê-lo-ia pela "organização do proletariado como classe dominante") era "ainda completamente abstrata, ou melhor, uma resposta que indicava as tarefas mas não os meios para resolvê-las" (p. 249). A resposta concreta foi produto da prática política revolucionária da Comuna – e dela Marx extraiu o preciso conteúdo inexistente em 1848: os *meios* para resolver as tarefas. Diz Lenin: "A Comuna [...] é a forma política 'finalmente descoberta' pela qual se pode e se deve *substituir* o que foi quebrado" (p. 260).[20]

---

[17] Cf., por exemplo: "Não podemos conceber uma democracia, mesmo uma democracia proletária, sem instituições representativas, mas podemos e *devemos* concebê-la sem parlamentarismo" (p. 254) – sabe-se que uma instituição representativa e não parlamentarista seria o soviete. E recusando o utopismo: "Nós queremos a revolução socialista com homens como os de agora, que não poderão passar sem subordinação, sem controle [...]" (p. 255); esta recusa é reiterada em vários outros trechos do texto.

[18] Para uma visão compacta e bem fundada da Comuna, cf. Lefebvre (1965).

[19] Esta determinação percorre todo o pensamento lenineano em *O Estado...*; noutra passagem, caracterizando-a como "ideia *fundamental* do marxismo", Lenin observa que "a revolução deve consistir não em que uma nova classe comande e administre com a ajuda da *velha* máquina de Estado, mas em que ela *quebre* esta máquina e comande, administre, com a ajuda de uma máquina *nova*" (p. 300).

[20] Tudo indica que, no sétimo capítulo (nunca escrito), tratando das experiências russas de 1905 e 1917, Lenin vincularia a forma política dos sovietes à "forma política" da Comuna. Num roteiro para este capítulo, ele anotou: "A experiência de 1905 e 1917. Os sovietes. *Quid est?* [...] O mesmo *tipo* que a Comuna" (Lenin, 1980, p. 86).

No capítulo IV, em que o recurso textual é fundamentalmente Engels (com a remissão a escritos subsequentes à Comuna), Lenin avança *projeções* sobre o "Estado de transição". Pontualiza:

O proletariado só necessita do Estado durante algum tempo. Não divergimos de modo nenhum dos anarquistas na questão da abolição do Estado como *objetivo* (p. 236).[21]

Mais ainda: este "Estado de transição" requerido pelo *proletariado,* que substitui o Estado burguês, já é um "Estado em extinção" e, "num certo grau da sua extinção, pode chamar-se Estado não político" (p. 264). E é nas projeções que esboça que Lenin introduz a crucial problemática da democracia. Definindo-a como "um Estado que reconhece a subordinação da minoria à maioria, isto é, uma organização para exercer a *violência* sistemática de uma classe sobre outra, de uma parte da população sobre outra" (p. 277-278), Lenin assevera "que a supressão do Estado é também a supressão da democracia, que a extinção do Estado é a extinção da democracia" (p. 277); "a democracia consequente, por um lado, se *transforma em socialismo* e, por outro [...], *reclama o socialismo*" (p. 275). E, incisivamente:

O desenvolvimento da democracia *até ao fim,* a procura das *formas* desse desenvolvimento, a sua comprovação *na prática* etc., tudo isso é uma das tarefas integrantes da luta pela revolução social. Tomado em separado, nenhum democratismo dá o socialismo, mas na vida o democratismo nunca será "tomado em separado", antes será "tomado juntamente com", exercerá a sua influência também na economia, impelirá a sua transformação, sofrerá a influência do desenvolvimento econômico etc. Tal é a dialética da história viva (p. 275).[22]

---

[21] Mas "é claro que nem se pode falar de determinado momento desta 'extinção' *futura,* tanto mais que ela representará em si notoriamente um processo prolongado" (p. 279).

[22] Se, assim posta, a *democracia não exclui* a *ditadura* (vale dizer, supõe a *dominação* de uma classe), "isto não significa de modo nenhum que a *forma* de opressão seja indiferente ao proletariado" enquanto a sofre: "uma *forma* mais ampla, mais livre, mais aberta, de luta de classes e de opressão facilita de modo gigantesco a luta do proletariado pela supressão das classes em geral" (p. 276); assim, "a república democrática é a via de acesso mais próxima para a ditadura do proletariado" (p. 270).

No capítulo V, voltado para as "bases econômicas da extinção do Estado", Lenin recupera as suas interpretações anteriores discutindo explicitamente a transição socialista – com base na reflexão marxiana da *Crítica ao programa de Gotha*. A questão da democracia é privilegiada, destacando-se as suas *alterações* na transição. Se "a transição da sociedade capitalista [...] para a sociedade comunista é impossível sem um "período de transição política", e o Estado deste período só pode ser a ditadura revolucionária do proletariado" (p. 280), cabe indagar "qual é, portanto, a relação desta ditadura com a democracia" (*idem*). A resposta de Lenin é simples e contundente: na sociedade capitalista, o que se verifica é "democracia para uma insignificante minoria", um democratismo cujas restrições "excluem, eliminam os pobres da política, da participação ativa na democracia" (p. 281);

> democracia para a maioria gigantesca do povo e repressão pela força, isto é, exclusão da democracia, para os exploradores, para os opressores do povo – tal é a modificação da democracia na *transição* do capitalismo para o comunismo (p. 282).

Imbricada nesta alteração está a funcionalidade do "Estado de transição":

> o aparelho especial, a máquina especial para a repressão, o "Estado", é *ainda* necessário, mas é um Estado de transição, já não é um Estado no sentido próprio, porque a repressão da minoria [...] pela maioria [...] é algo relativamente [...] fácil [...] e é compatível com a extensão da democracia a uma maioria tão esmagadora da população que a necessidade de uma *máquina especial* para a repressão começa a desaparecer (p. 283).

Neste estágio, "a primeira fase da sociedade comunista", "a justiça e a igualdade [...] não podem ainda ser dadas" (p. 285); só na "segunda fase" isto será possível – e, paralelamente, processa-se a extinção do Estado: "para que o Estado se extinga completamente, é necessário o comunismo completo" (p. 286), demarcado pela vigência *efetiva* da liberdade;[23] então, a *realização* da democracia equivalerá à sua *abolição*.[24] Entretanto, este processo desenrola-se concomitantemente às tarefas construtivas do novo ordenamento econômico: suas bases foram engendradas pelo desenvolvimento capitalista, pelas "premissas econômicas" postas por ele – o *registro* e o *controle* da economia "*foram simplificados* em extremo pelo capitalismo", tornando-se acessíveis "a qualquer pessoa alfabetizada" (p. 290).[25] Quando

> *todos* tiverem aprendido a administrar, [...] a *necessidade* de observar as regras simples, fundamentais, de toda convivência humana se tornará muito mais depressa um hábito. E [...] abrir-se-á de par em par a porta para passar da primeira fase da sociedade comunista para a sua fase superior, e, ao mesmo tempo, para a extinção completa do Estado (p. 291).[26]

O capítulo VI, que encerra o livro, é de acesa polêmica contra Plekhanov, que, debatendo com os anarquistas, eludiu "toda a questão do Estado, *sem notar* todo o desenvolvimento do marxismo antes e depois da Comuna" de Paris, já caindo "inevitavelmente no oportunismo", e contra Kautsky, que faz concessões ao oportunismo na discussão com Bernstein e que o assumiu "completamente" no confronto com Pannekoek. Este fogo sobre o "oportunismo" não é algo acidental na estrutura de *O Estado...*: Lenin sustenta que:

> o que o oportunismo necessita acima de tudo é precisamente que [...] duas questões [...] *não* sejam postas de nenhuma maneira: a atitude da revolução para com o Estado e a questão do Estado em geral (p. 293-292).

---

[23] Inclusive porque "enquanto há Estado, não há liberdade. Quando houver liberdade, não haverá Estado" (p. 287).

[24] "Quanto mais completa for a democracia, mais próximo está o momento em que se tornará desnecessária. Quanto mais democrático for o 'Estado' constituído pelos operários armados [...] mais depressa começará a extinguir-se *todo* o Estado" (p. 291).

[25] A liquidação da burocracia estatal (dos *funcionários* do Estado burguês) aqui visualizada por Lenin é por ele distinguida da questão dos *quadros técnicos*: "Não se deve confundir a questão do controle e do registro com a questão do pessoal com formação científica, dos engenheiros, dos agrônomos etc.: estes senhores trabalham hoje subordinando-se aos capitalistas e trabalharão melhor ainda amanhã subordinando-se aos operários armados" (p. 290).

[26] Não por acaso, Lenin deu ao livro o subtítulo de "A doutrina marxista do Estado e as tarefas do proletariado na revolução".

E justamente estas duas questões fornecem a lógica da construção do texto: de um lado, a *questão do Estado* em *geral* é colocada centralmente como tendo "atualmente uma importância particular tanto no aspecto teórico como no aspecto político prático" (p. 223); de outro, o resgate que Lenin pretende efetuar "da verdadeira doutrina de Marx sobre o Estado" está direcionado também para fundar a *tática* que defende no desdobramento imediato da revolução de fevereiro.[27] Contra o "oportunismo", o revolucionário Lenin *não pode dissociar a questão do Estado da questão da revolução*.[28]

A contextualidade teórica e política de
O Estado e a revolução

A contextualização de *O Estado...* no conjunto da obra de Lenin, em meu entender, deve arrancar da constatação de que, com a deflagração da Primeira Guerra Mundial, precipita-se no universo intelectual do líder revolucionário uma série de elementos que, sem implicar uma alteração estrutural substantiva no seu pensamento, indicam nele uma nova tensão criativa e abrem o passo a inflexões.

Não é este o lugar para discutir a unidade interna do pensamento lenineano – ou para sequer aproximar-se desta discussão.[29] Mas cumpre assinalar, contra uma tradição analítica muito

---

[27] Sobre o papel do *hábito* nas projeções lenineanas, cf. Lukács (1971) e também Kelsen (1982, cap. IV; esta obra – em que Kelsen polemiza sobretudo com os bolcheviques e o austro-marxismo – é uma crítica "clássica" ao marxismo do ponto de vista da "teoria pura do direito").

[28] Esta relação é *constante* e *reiterativa* nos textos lenineanos entre fevereiro e outubro de 1917. As frases de abertura de "Sobre a dualidade de poderes" (redigido em abril) são: "A questão fundamental de toda revolução é a questão do poder de Estado. Sem esclarecer esta questão nem sequer se pode falar em participar de modo consciente na revolução, para já não falar em dirigi-la" (cf. Lenin, 1978, II, p. 17). Num texto imediatamente posterior ("As tarefas do proletariado na nossa revolução"), a atenção de Lenin se volta para "o novo tipo de Estado que surge na nossa revolução" e a "teoria do Estado" é posta como elemento constitutivo do referencial *necessário* ao partido revolucionário (*idem*, p. 43). E, num texto de setembro ("Uma das questões fundamentais da revolução"), lê-se: "A questão mais importante de qualquer revolução é sem dúvida a questão do poder de Estado" (*idem*, p. 199).

[29] A unidade do percurso intelectual lenineano é tratada por L. Gruppi (1979) e também por Lukács (1971) e Lefebvre (1957).

difundida,[30] que *existe uma unidade interna no pensamento lenineano* (todo ele *político*), e tal unidade está longe de apresentar-se como uma reiteração ampliada de algumas ideias básicas, de revelar-se homogeneamente. Antes, esta unidade consiste em tornar a compreensão teórica um *componente insuprimível* da intervenção revolucionária – percepção lenineana sinalizada pela conhecidíssima formulação segundo a qual "sem teoria revolucionária, não existe movimento revolucionário". Trata-se, pois, de uma unidade de *natureza metodológica* – igualmente expressa, ainda, noutra afirmação célebre: "A análise concreta da sua situação concreta é a alma viva, a essência do marxismo". O que significa dizer que a unidade em causa se viabiliza por uma "ideia sintetizadora original" (Mészáros, 1972) que penetra e enlaça todos os passos do pensamento lenineano, articulando numa totalidade complexa *unitária* diferenciadas – e, por vezes, alternativas – aproximações ao processo histórico-social a que sempre esteve vinculada a elaboração de Lenin, a revolução socialista. Em suma: a *unidade interna* do pensamento lenineano, mantida e assegurada por um peculiar manejo metodológico do marxismo (tomado como "análise concreta da situação concreta"), alimenta-se de giros e inflexões; é uma unidade que não se

---

[30] Um exemplo dos ecos desta tradição entre textos brasileiros, é o ensaio de Leôncio M. Rodrigues e Ottaviano de Fiore (Rodrigues e Fiore, 1976); neste estudo, em que os autores notam, corretamente, "que Lenin encontrava alguma dificuldade em caracterizar a nova sociedade que surgira com a Revolução de Outubro", há a observação, no mínimo discutível, de que as ideias leninianas sobre o ordenamento social emergente de Outubro "variaram segundo as mudanças ocorridas na sociedade soviética e, *especificamente, com o tipo de obstáculo e de oposição encontrados pelos bolcheviques*" (*loc. cit.*: 39 e 27; itálicos não originais). Contra esta linha interpretativa, posicionou-se competentemente, em seguida, Vinícius Caldeira Brandt (1976).
No limite, esta vertente analítica, que tem no último (?) Lefebvre um expoente (ele não vacila acoimar Lenin de "empirista" e "pragmático" – cf. Lefebvre, 1976, 2, p. 362), opera como se fosse axiomático para Lenin o mote napoleônico segundo o qual *On s'engage, puis on voit*. Já em 1924, tematizando a *Realpolitik* em Lenin, Lukács se insurgia contra este gênero de exegese – e, até o fim da vida, continuou sustentando a sua inépcia (cf., por exemplo, Lukács, 1986, em que contrasta a postura lenineana com a de seus contemporâneos e sucessores).

constrói de *identidades,* mas de diferenças determinadas pelo movimento do objeto da sua reflexão, sempre a política.[31]

Um desses giros e inflexões toma forma com a precipitação que tem lugar no universo intelectual de Lenin com a emergência da Primeira Guerra Mundial. Quando se abre a conflagração, Lenin intui que se inaugura uma nova conjuntura histórica; esta intuição, a pouco e pouco, vai configurar – graças a um esforço teórico-investigativo intensivo –[32] uma nítida compreensão de que se engendrava uma *situação política nova,* portadora de *inéditas possibilidades estratégicas* para o movimento socialista revolucionário. Dentre todos os líderes que vinham no leito histórico do movimento inspirado por Marx, Lenin foi o que mais rapidamente apreendeu o *caráter novo* da quadra aberta com a guerra imperialista: então, coube-lhe o mérito, entre todos os seus pares do movimento socialista revolucionário, de ser o primeiro a descobrir que "o mundo entrava numa zona histórica nova, ainda que movendo-se na galáxia do capitalismo estudada por Marx" (Cerroni, 1976a, p. 114).[33] O traço distintivo desta quadra era o entrecruzamento de um conjunto de fenômenos e variáveis – destacadamente a crise

---

[31] Na ponderação de Gruppi (1979, p. 300): "Se considerarmos o *conjunto* [itálico não original] do pensamento de Lenin, veremos que a atenção se volta sempre para a dialética: dialética dos processos reais, modo pelo qual se manifesta neles a contradição, relação entre todos os elementos que a constituem, conexão entre situação objetiva e iniciativa política. A política só é plenamente tal [...] se for guiada pela teoria [...] mas [...] a política – fundada pela teoria – por sua vez funda essa teoria, a verifica, exige seu desenvolvimento, num constante reexame crítico. A política representa a *unidade* entre a *teoria* e a *ação,* a *mediação* entre elas". Sobre a questão, proposta noutros termos, da unidade essencial do pensamento político de Lenin, cf. Fernandes (*in* Lenin, 1978, p. 33-46).

[32] Como assinalei, esta precipitação envolve os elementos mais diversos, o mais significativo dos quais referido a mudanças *econômico-sociais* no ordenamento capitalista (voltarei a isto em seguida). Cabe destacar, porém, um outro elemento: um reexame da problemática da dialética, com uma cuidadosa leitura de Hegel, que permite a Lenin ultrapassar muito da sua visão expressa em 1909, no *Materialismo e empiriocriticismo;* uma interessante análise das implicações políticas deste reencontro com Hegel deve-se a M. Löwy (1975, p. 216 e ss.).

[33] Ainda que não se aceitem todas as implicações do ensaio que, nesta obra, Cerroni dedica a *O Estado...,* há que ressaltar que este é um trabalho precioso para a análise do texto lenineano.

LENIN E A INSTRUMENTALIDADE DO ESTADO

geral das estruturas sociais e políticas europeias, com o colapso das monarquias tradicionais, a regressão ideológica da burguesia, a falência da Segunda Internacional etc., numa moldura de crise econômica e conflito bélico – permitindo a colocação do problema da revolução mundial como um processo atual; tratava-se de um caldo de cultura para a *revolução* a *curto prazo*.[34]

Nas fileiras da social-democracia, desde os últimos anos do século XIX, vinham se desenvolvendo elementos que apontavam para a importância de modificações surgidas na realidade do capitalismo – desenvolvimento frequentemente dinamizado pelo confronto entre as propostas tradicionais da social-democracia e a crítica a que eram submetidas quer pelo movimento social real, quer por correntes políticas de outras matrizes ideológicas. O evento mais saliente deste processo, sabe-se, foi o *Bernstein Debatte,* que polarizou, desde o aparecimento do texto "canônico" do chamado *revisionismo*, em 1899, a polêmica social-democrata – *As premissas do socialismo e as tarefas da social-democracia* (Bernstein, 1982).[35] Neste livro, Bernstein legitima a renúncia efetiva ao projeto revolucionário; porém o faz à base de uma intuição certeira: *algo estava mudando no capitalismo.* Este elemento de alteração no ordenamento econômico-social burguês foi praticamente minimizado nas primeiras réplicas que recebeu: os seus opositores respondiam a ele geralmente com o mero apelo ao principismo doutrinário.[36]

---

[34] É de notar que, sempre, Lenin concebeu a revolução socialista – como Marx, aliás – enquanto processo *mundial,* sendo-lhe estranha a ideia, tão cara posteriormente à ideologia estalinista, da possibilidade da construção plena do socialismo "num só país". Evidentemente, Lenin (também como Marx) jamais pensou que a revolução *eclodisse simultaneamente* em todo o mundo – mas esta é outra questão. Muitas das especulações sobre este importante aspecto do pensamento lenineano têm sua origem na superposição dos conceitos de *revolução social* e *revolução política* (cf. Claudín, 1985, 1, p. 51-54).

[35] Para uma visão geral do *Bernstein Debatte,* que, de fato, se abre com a divulgação, pouco antes, da série de artigos bernsteinianos "Problemas do socialismo", cf. Gustafsson (1975) e, ainda, Vv. Aa. (1976, 1) e Hobsbawm, org. (1982, 2).

[36] São típicas, aqui, as reações de Kautsky – que, para se contrapor às avaliações de Bernstein, encaixa os novos fatos nos quadros de apreciações apriorísticas. Sabe-se que muito da argumentação de Bernstein contra a "ortodoxia" passava pela sua negação da continuidade da crise econômica como característica da economia capitalista – ele

Lenin, desde a primeira hora posicionado contra as proposições de Bernstein, até 1914 será um interlocutor de pouco destaque na polêmica, com suas intervenções praticamente restritas ao mundo dos social-democratas russos. Mas desde o início ele acompanha cuidadosamente os debates e, com o atestado de óbito que a Segunda Internacional se passa quando da votação dos créditos de guerra na Alemanha, é compelido a investigar a fundo a natureza do processo que testemunha e protagoniza – e, justamente, porque começa a vislumbrar o que há de *novo* no panorama sociopolítico.

Então, Lenin já esboçara o seu esquema *estratégico da revolução mundial*, no bojo do qual a revolução russa (em ato desde 1905) se inseria como "prólogo" da revolução socialista no Ocidente e como liame entre esta e a revolução no Oriente, de cariz democrático-burguês (Claudín, 1985, 1, cap. 2). Ora, *o giro que se realiza no seu universo intelectual consiste precisamente em que as suas investigações no decurso da guerra concretizam diferencialmente este esquema* – e tal é o exato contexto em que elabora *O Estado...*

Este giro se dá com a análise de elementos novos da ordem capitalista – valendo-se das pesquisas em curso desde os primeiros anos do século XX, Lenin conceitualizará a novidade econômico-social do ordenamento burguês em termos do ingresso do capitalismo na idade do monopólio.[37] Com *O imperialismo, fase superior do capitalismo* (Lenin, 1977, I), escrito entre janeiro e junho de 1916 e

---

situava como caduca a teoria da crise cíclica. E a sua crítica à "teoria do colapso", por mais equivocada que fosse, apanhava, ainda que também equivocadamente, novos traços derivados do surgimento do monopólio; a resposta efetiva à problemática por ele visualizada só viria mais tarde, quando toma corpo a teoria do imperialismo. Para uma discussão inteligente da relação crise/revolução, cf. Cerroni (1971).

[37] Ele se beneficia, aqui, mesmo que polemicamente, das pesquisas de Hobson (*Imperialismo*, 1902), Hilferding (*O capital financeiro*, 1910) e do trabalho de Bukharin, que conheceu em fins de 1915 (*A economia mundial e o imperialismo*); recorde-se que, pouco antes, Rosa Luxemburgo ocupara-se de problemas conexos em *A acumulação de capital* (1913). Um texto útil para a análise da teoria lenineana do imperialismo é o estudo de L. Basso, *in* Vv. Aa. (1978, 4).

publicado um ano mais tarde, Lenin pensa dar conta dos elementos inéditos da dinâmica econômico-social capitalista, inexistentes ao tempo da análise marxiana do modo de produção capitalista e, simultaneamente, extrair deles os pontos nevrálgicos sobre os quais deve incidir a ação revolucionária.

A investigação lenineana conduz à conclusão de que os novos processos ocorrentes na dinâmica econômico-social capitalista põem vigorosa e inadiavelmente a revolução socialista na ordem do dia: o imperialismo, "capitalismo parasitário, ou em estado de decomposição", demarcaria a "era das revoluções proletárias", essencialmente porque ele se caracterizaria como um "capitalismo agonizante".

É sobre esta base que Lenin, em meio à tormenta de 1914-1918, refunda o seu esquema estratégico da revolução mundial, a partir da seguinte pontualização:

As contradições do sistema imperialista determinaram – através do seu produto, a guerra – a plena maturação das condições objetivas, tanto a nível das estruturas econômicas como das forças sociais, da revolução socialista internacional (Claudín, 1985, 1, p. 57, nota).

O imperialismo, esta "putrefação parasitária" do capitalismo, é visualizado por Lenin como "a véspera da revolução social proletária" (Lenin, *loc. cit.*, p. 85). Esta, portanto, é *iminente* – e aí reside o eixo do giro que se opera no pensamento lenineano no decurso do primeiro conflito mundial: a revolução não está na linha do horizonte, mas é algo quase imediato.

Avaliar como a história infirmou a projeção lenineana – mormente com o fracasso da revolução na Alemanha, que lhe despertava as maiores esperanças – escapa aos objetivos deste ensaio[38]. O que importa é deixar remarcado, e com o máximo relevo, que é neste contexto que Lenin elabora *O Estado...*: este livro inscreve-se na trajetória de Lenin não só quando este apanha

---

[38] Remeto, sobre este ponto, o leitor ao trabalho de Claudín (1985, 1) que venho citando neste passo.

a *novidade* que é o estágio imperialista em face do capitalismo do período anterior, mas quando dela (e não cabe indagar, aqui, da correção desta inferência) extrai a *iminência* da revolução proletária. *O Estado...* é, por assim dizer, a consequência direta, no plano teórico da formulação das tarefas políticas do proletariado, o complemento de *O imperialismo, fase superior do capitalismo.* Em poucas palavras: *O Estado...* situa-se, no conjunto do pensamento de Lenin, quando ele considera que a ruptura mundial com o ordenamento capitalista é um *processo passível de começar-se imediatamente,* função da iniciativa política de massas trabalhadoras disponibilizadas para a revolução socialista em razão das condições globais ("objetivas" e "subjetivas") postas pela crise – já explicitada suficientemente na guerra – do "capitalismo agonizante".

A partir do reconhecimento desta inflexão no pensamento de Lenin e da contextualidade de *O Estado...* é que se esclarecem mutuamente as suas posições quando do regresso à pátria e as proposições do livro. Até seu retorno, em abril de 1917, Lenin não colocara a questão do *conteúdo socialista* imediato da revolução russa; a sua polêmica com o *velho bolchevismo* está diretamente relacionada à conversão da "revolução democrático-burguesa" em "revolução proletária" – e esta se deve à concepção de que a revolução internacional está na ordem do dia (concepção, por outra parte, que só ela podia dar amplo e seguro fundamento à consigna, formulada antes, para transformar a guerra imperialista em guerra civil e insurreição proletária). O que faltava a Kamenev e outros era justamente o referencial da iminência revolucionária em macroescala – e, pois, a tática lenineana devia aparecer-lhes como, no mínimo, "aventureira".

Por outro lado, é esta iminência, que Lenin não identificara antes, que o fará tratar central e privilegiadamente do problema do Estado. Se, como disse atrás, Lenin não pôde dissociar a questão do Estado da questão da revolução socialista, é só agora que pode tematizá-la especificamente, uma vez que a questão da revolução se torna *atual* na prática social – daí que pareça ser "tardio" o seu cuidado com a questão do Estado.[39] Com efeito, *O Estado...* é um trabalho "teórico, pensado e escrito como contribuição à definição da estratégia da futura revolução socialista mundial, e só pode ser entendido neste contexto" (Attilio Chitarin, *in* Vv. Aa., 1973).

Esta contextualidade, na qual a *modernidade do capitalismo* (o imperialismo) é refratada na *particularidade do processo sociopolítico russo* (a revolução em ato), responde em grande medida pelas peculiaridades que singularizam o texto lenineano tanto na vertente do socialismo revolucionário inspirado em Marx quanto no conjunto inteiro dos trabalhos do próprio Lenin.

É notório que a dinâmica sócio-histórica europeia, no seguimento do pós-guerra, inviabilizou a concepção estratégica de Lenin, pondo em xeque a concepção de fundo que se referia ao ritmo da "agonia" do capitalismo dos monopólios. E mesmo sem enfrentar a complexa questão da infirmação, pelo processo histórico, das projeções lenineanas acerca da iminência da revolução mundial, há que se constatar que o texto de que me ocupo foi se tornando, a partir da sua publicação, cada vez menos *operativo* na prática política do movimento comunista.[40]

Quanto à evolução subsequente de Lenin, outro objeto de calorosa discussão,[41] há que se assinalar que *O Estado...* repre-

---

[39] Afirma Gruppi (1979, p. 170): "Lenin chega à consideração do problema do Estado relativamente tarde, ou seja, após ter enfrentado a questão do desenvolvimento do capitalismo na Rússia, a teoria do partido, a teoria do imperialismo"; os temas referenciados por Gruppi estão tratados em textos lenineanos todos acessíveis ao leitor brasileiro: *O desenvolvimento do capitalismo na Rússia* (Lenin, 1982); *Que fazer?* (Lenin, 1978) e *O imperialismo, fase superior do capitalismo. Ensaio popular* (Lenin, 1977). Se são corretas as minhas observações, Lenin *não chega tarde* ao problema do Estado – antes, chega no exato momento em que a questão se põe na história em ato.

[40] Entendo que a causalidade disto se prende, medularmente, ao fracasso da revolução no Ocidente, isolando-a e congelando-a na periferia capitalista e impedindo a plena explicitação das possibilidades do projeto comunista.

[41] Esta polêmica ora se refere ao desenvolvimento teórico do pensamento de Lenin (com os analistas discutindo se ele abandonou ou não as formulações de 1917), ora ao curso real que o processo sociopolítico, na vanguarda do qual Lenin esteve, tomou na Rússia

senta o seu último produto intelectual de natureza plenamente teórica. É indubitável que, na sua elaboração ulterior a 1918, há ricos momentos e passagens de inestimável conteúdo teórico; eles, entretanto, dispersam-se em textos em que a dominância da instrumentalização política imediata, da polêmica por vezes encolerizada, da orientação prática meramente conjuntural ou, enfim, da justificável e necessária defesa a qualquer preço do poder revolucionário subordinam a reflexão e a amarram a injunções que não lhe permitem uma articulação e uma sistematização de padrão rigorosamente teórico. De fato, *O Estado...* se perfila, na obra lenineana, como a derradeira peça da razão teórica do fundador do Estado soviético.

Elementos para uma problematização de *O Estado e a revolução* e do Estado como objeto teórico

Depois de sumariar as teses centrais de *O Estado...* e oferecer uma breve referência do contexto teórico-político em que se inscreve, é procedente sugerir alguns elementos para uma problematização do texto lenineano e para a sua inserção na tradição marxista.

Um primeiro questionamento que é cabível, nesta direção, concerne ao *pressuposto* de Lenin, explicitado logo na abertura do livro, segundo o qual existe uma teoria (*doutrina*) de Marx sobre o Estado. Mais adiante, retornarei a esta pressuposição,

---

soviética. Trata-se, a meu ver, de questões distintas e, como tais, devem ser tratadas distintamente – e, por isto, parecem-me equívocas e pouco esclarecedoras as notações que sugerem entre elas uma relação direta, como esta, de Lelio Basso: "Depois de escrever *O Estado e a revolução* às vésperas da revolução de outubro, e depois de havê-lo publicado, [Lenin] não hesitará, sob a pressão das circunstâncias, em construir um Estado em contradição absoluta com as teorias expressas neste livro" (*op. e loc. cit.*, p. 139). No que tange aos desdobramentos das posições teóricas de Lenin, a partir de *O Estado...*, a polêmica permanece acesa e vale a pena indicar, à guisa de ilustração, duas posturas de estudiosos brasileiros. Para Antônio Roberto Bertelli, a reflexão de Lenin posterior a 1917 não confere continuidade àquele texto; Bertelli considera *O Estado...* "um momento em que Lenin deu uma 'escorregada'" (art. cit., p. 219). Já Antônio Carlos Mazzeo sustenta o oposto: no seu juízo, não há nenhuma solução de continuidade entre as propostas de *O Estado...* e os subsequentes textos de Lenin – e nem mesmo entre a formulação teórica e a sua intervenção como dirigente do Estado soviético (Mazzeo, 1984).

aliás significativa; por agora, é suficiente anotar que Lenin considera fora de dúvida a existência desta teoria, bastando, para dar-lhe uma apresentação sistematizada, arrolar as várias passagens, dispersas ao longo da obra de Marx (e de Engels), relacionadas ao tema.

Parecem-me necessários, aqui, três apontamentos: inicialmente, neste arrolamento, Lenin *não discrimina a natureza e a estrutura* dos trechos de que se vale, atribuindo igual estatuto a passos extraídos de textos teóricos, de polêmica política e meramente conjunturais; em segundo lugar, Lenin *não* apela a alguns textos que, em Marx, são essenciais para a discussão do Estado[42]; enfim, Lenin *identifica sumariamente* as posições de Engels às de Marx. Este último aspecto deve ser ponderado com alguma cautela, já que não se trata, apenas, de uma questão de detalhe ou de polêmica;[43] ao contrário, ele implica um *tratamento muito diverso* do problema do Estado: em Marx, este é sempre focado a partir da análise do Estado moderno (burguês) – da sua alienação em face da sociedade civil[44] e do seu caráter específico, com a história presente iluminando a sua gênese e evolução precedente; Engels, por seu turno, aborda o Estado moderno numa ótica visivelmente evolucionista, avançando (como se verifica em *A origem da família, da propriedade privada e do Estado*) hipóteses histórico-sociais (e antropológicas) de saliente linearidade (Cerroni, 1976a, p. 121). E, como se comprova facilmente na leitura de *O Estado...*, as interpretações engelsianas são equalizadas sem mais por Lenin às de Marx.

---

[42] Se é verdade que Lenin não pôde valer-se da *Crítica de 1843* a Hegel (o "manuscrito de Kreuznach"), só publicada em 1927, nem de *A ideologia alemã* (cuja primeira edição data de 1932), o fato é que ele não recorre aos textos, já conhecidos, da *Crítica da filosofia do direito de Hegel. Introdução* e de *A questão judaica* (cf. *infra*, nota 50).

[43] A polêmica acerca das *diferenças de concepção* de Marx e de Engels em torno de muitos pontos relevantes (sobre o desenvolvimento histórico, o processo do conhecimento etc.) frequentemente deriva numa *contraposição* entre ambos. Este equívoco, todavia, não pode obscurecer as reais diferenciações entre os dois.

[44] Para uma elucidativa discussão sobre a conceptualização de sociedade civil, inclusive em Marx, cf. Bobbio (1982).

No entanto, a viga mestra da construção teórica de Lenin é que merece um cuidado maior: trata-se da sua concepção do Estado como *instrumento privilegiado de coerção e repressão*. Aqui reside a força da construção lenineana e, também, o flanco sobre o qual incide muito da crítica contemporânea.

Parece inconteste que, em Marx (e em Engels), o Estado é um instrumento de *domínio de classe* – das fórmulas do *Manifesto do Partido Comunista* (e mesmo antes delas) ao fim dos seus dias, Marx enfatizou decisivamente este caráter do Estado, a que se prendem as determinações da violência e da ditadura. Em Marx, porém, o domínio de classe não se exerce apenas através da coerção aberta ou, mais exatamente, o Estado *não é*, sempre e/ou necessariamente, a configuração *direta* e *imediata* de uma vontade política de classe. Se, em alguns textos redigidos especialmente para "atender a uma demanda política conjuntural ou para estabelecer consignas de entendimento rápido e massivo (aquilo a que o próprio Lenin chamou "propaganda" e "agitação"), a formulação marxiana apresenta assim a essência do Estado,[45] é evidentemente um equívoco restringir a tais formulações a concepção que Marx tem do Estado moderno (burguês) – esta comporta toda uma série complexa de mediações.[46] O *domínio de classe* (ditadura) que o Estado moderno (burguês) compulsoriamente realiza, pois, não é nem unidimensional nem direto.

Ora, a concepção do Estado que toma corpo no *O Estado...* é francamente unidimensional e direta: ele é a instância que expressa, imediatamente, o domínio de classe através do seu poder

---

[45] Penso, principalmente, no *Manifesto do Partido Comunista* e em alguns materiais redigidos durante e sobre o processo das revoluções de 1848 – aliás, remissões constantes de Lenin.

[46] Não me é possível desenvolver aqui a concepção marxiana do Estado moderno (burguês); valha somente esta indicação central: "[...] Para Marx, o Estado burguês é o único Estado em sentido estrito porque ele não é simplesmente uma força de repressão – mas uma força de repressão que se opõe, enquanto 'universalidade abstrata', ficção de comunidade e 'direito igual', à sociedade civil, que reduz ao domínio do particularismo" (Lucio Magri, 1968).

LENIN E A INSTRUMENTALIDADE DO ESTADO

de opressão.[47] Não há a menor dúvida de que esta concepção é nitidamente *reducionista:* limita o Estado às suas características e funções coercitivo-repressivas, com a dominação de classe revestida de notas puramente ditatoriais. Está claro que esta concepção, que alguns autores denominam de "restrita" (para distingui-la daquela "ampliada"),[48] não permite uma iluminação dialética e multilateral do Estado moderno (burguês) notadamente o contemporâneo, em que a coerção-repressão é um componente entre outros, sem o concurso dos quais a dominação de classe ver-se-ia medularmente vulnerabilizada. Mais concretamente, uma concepção deste gênero, se por um lado deixa escapar papéis e atribuições que, próprios do Estado moderno (burguês), desbordam funções coercitivo-repressivas e assumem um perfil crescentemente *mediador,* por outro lado conserva na sombra a expansão e a concentração da violência por uma série imensa de outras instituições e agências sociais.[49] Vale dizer: esta concepção "restrita" do Estado, aparentemente capaz de animar uma postura política extremamente radical, em *verdade pode debilitar a intervenção política radical,* ao privilegiar desmesuradamente, na complexa malha de instâncias por que transita o exercício real da violência da classe, uma instituição ou um segmento institucional, ainda que o de maior visibilidade.

---

[47] Toda esta argumentação refere-se exclusivamente às ideias que Lenin expende em *O Estado...* – neste ensaio, meu interesse se restringe ao texto de 1917. É preciso advertir o leitor de que a reflexão de Lenin sobre o Estado, noutros contextos, comporta matizações e redimensionamentos; antes de 1917, por exemplo, pense-se em alguns textos do final dos anos 1890 contra os populistas e mesmo em *Duas táticas da social-democracia na revolução democrática* (1905); depois de 1917, recorra-se, por exemplo, à *Saudação aos operários húngaros* (1919). Como, nestas páginas, estou tratando somente do texto de 1917, deixo fora de cena outras formulações de Lenin, necessárias a uma análise que busque situar a sua concepção inteira do Estado.

[48] No Brasil, um ensaísta que se vale desta denominação é Coutinho (1985, p. 10-14); já antes, o mesmo autor tratara do problema (Coutinho, 1982, cap. V).

[49] Não por acaso Lefebvre identificou, na ordem social que certa sociologia vulgar denomina "de consumo de massa", um peculiar *terrorismo* (Lefebvre, 1968); sobre esta questão, alguns estudos da "Escola de Frankfurt" – Horkheimer, Adorno, Marcuse – são particularmente instigantes. A decrescente gravitação do componente coercitivo-repressivo nas funções estatais e a ponderação cada vez maior das suas atribuições mediadoras são anotadas por Magri, no ensaio citado na nota 46.

JOSÉ PAULO NETTO

A Lenin não se pode imputar seriamente o desconhecimento do caráter "ampliado" do Estado[50] – e, segundo alguns intérpretes, muito precocemente ele já opera dialeticamente com a noção, por exemplo, de *hegemonia* (Gruppi, 1979, sustenta que já em 1905 Lenin trabalha esta dimensão na análise do processo sociopolítico). Cabe então indagar por que, no texto de que me ocupo, ele esposa irrecusavelmente a concepção "restrita" do Estado.

É corrente afirmar-se que a explicação deste fato deve ser buscada na *particularidade russa:* protagonista político atuando nos quadros de uma sociedade com debilíssimas tradições democráticas, o ângulo de visão de Lenin estaria condicionado pelo seu confronto com a autocracia tsarista. Não creio que esta explicação de corte sociológico[51] seja inteiramente desprovida de sentido, mas ela não faz justiça à universalidade *teórica* de Lenin. A hipótese que me parece a mais plausível vincula-se à contextualidade de *O Estado...* que esbocei anteriormente, à projeção estratégica lenineana que se articula no decurso da Primeira Guerra Mundial.

Nela, a "putrefação" do "capitalismo agonizante" tinha, ademais de todas as incidências econômicas e sociais esclarecidas por Lenin, rebatimentos políticos indescartáveis – e todos conducentes à liquidação dos conteúdos democráticos das liberdades políticas alcançados no marco burguês.[52] A projeção lenineana da realidade imperialista apontava para o esvaziamento da substância dos institutos democráticos e, consequentemente, para a hipertrofia das funções coercitivo-repressivas do Estado. Quando Lenin recalca que a "verdadeira essência do parlamentarismo burguês" está em

---

[50] Nem, naturalmente, o desconhecimento de fontes marxianas aptas para encaminhar o seu esclarecimento, divulgadas já enquanto estava vivo – por exemplo, os textos dos *Anais Franco-Alemães*, ele os cita em 1914 (cf. o verbete "Karl Marx", redigido para o *Dicionário Granat* e coligido em Lenin, 1977, 1).

[51] Cf. Claudín, *op. cit.*, p. 62; Coutinho (1985, p. 31-32 e 37-38) parece compartilhar desta explicação.

[52] É interessante registrar que esta projeção não é exclusiva de Lenin – outros pensadores vinculados à inspiração de Marx seguiram, à época, o mesmo caminho; leiam-se, por exemplo, as notáveis e premonitórias páginas de Hilferding (1985, p. 314 e ss.) sobre a "ideologia do capital financeiro".

LENIN E A INSTRUMENTALIDADE DO ESTADO

"decidir uma vez em cada certo número de anos que membro da classe dominante reprimirá, esmagará o povo" (p. 253), quando revela o seu desprezo pela representatividade obtida através do sufrágio universal (p. 231) ou quando pontualiza que "os países avançados transformam-se [...] em presídios militares para os operários" (p. 223) – quando a sua reflexão segue esta trilha, não caminha no sentido de menosprezar as liberdades políticas vigentes no âmbito da sociedade burguesa. Antes, ele toma em conta uma *tendência real operante* na articulação da dinâmica imperialista – aquela que, concentrando o poder econômico, engendra as condições para a concentração do poder político – e a projeta no seu limite. Na verdade, no quadro da sua avaliação das linhas de força evolutivas da ordem imperialista, Lenin considera que o movimento dominante é o que se orienta para a conversão do Estado em *instrumento direto* do capital monopolista (é de observar que se, em *O Estado...*, o capitalismo monopolista de Estado não é uma figura explicitada, ele se situa na base das inferências políticas de Lenin[53]).

Neste passo da reflexão de Lenin há um feixe de problemas que nem tangencialmente posso roçar.[54] Contudo, ele é realmente crucial porque, esclarecendo o enfoque "restrito" do Estado – ou seja, revelando o que hoje aparece como um flanco vulnerável de *O Estado...* –, simultaneamente põe de manifesto o seu ponto forte.

Não há dúvidas de que a projeção lenineana não resiste à prova empírica das sociedades burguesas contemporâneas – hipérboles como "presídios militares" só ganham factibilidade nos regimes

---

[53] Lê-se no parágrafo inicial do prefácio à primeira edição do livro: "A guerra imperialista acelerou e acentuou extraordinariamente o processo de transformação do capitalismo monopolista em capitalismo monopolista de Estado. A [...] opressão das massas trabalhadoras pelo Estado, que se funde cada vez mais estreitamente com uniões onipotentes de capitalistas, torna-se cada vez mais monstruosa" (p. 223).

[54] Um exemplo entre muitos, a convicção lenineana de que as correntes reformistas ("oportunistas") do movimento operário seriam ineptas para a luta política pelas liberdades democráticas e, dado o seu capitulacionismo, de que logo se veriam deslocadas pelas vanguardas revolucionárias. Henri Weber (1977, p. 177 e ss.), analisando a "teoria leninista do oportunismo" – que, corretamente, vê como vinculada à teoria do imperialismo –, acredita localizar na mencionada convicção uma redução economicista.

fascistas ou assemelhados (onde, é possível sustentá-lo, o Estado acaba por ser uma pura instrumentalidade da oligarquia financeira reacionária). Precisamente os novos mecanismos de coesão social que acompanham contraditoriamente o processo efetivo de "ampliação" do Estado, operando ao mesmo tempo e sincronizadamente com o terrorismo psicossocial da "sociedade burocrática de consumo dirigido" (Lefebvre, 1968), situaram a restrição substantiva plena das liberdades no limite fascista – mas este processo teve como contraforte as lutas populares pelas liberdades políticas; onde tal variável não se afirmou, estas se esvaziaram (embora a sua ocorrência, em si mesma, não seja garantia das liberdades).

No entanto, a projeção de Lenin apreendeu um elemento fundamental: a tendencial e necessária *incompatibilidade* entre a ordem imperialista e a democracia política. Se, nas origens do pensamento socialista revolucionário, a relação entre democracia e interesses proletários aparecia nítida, ela, aos poucos, se foi obscurecendo – e, com a degradação da Segunda Internacional, chegou-se a vincular a democracia política com a tradição liberal (Bernstein fê-lo com a sua habitual sinceridade e Kautsky de modo tergiversado).[55] Recolocando com vigor que o *princípio democrático é um princípio proletário*, Lenin fere o nervo da prática política do social-democratismo e instaura uma chave crítica até hoje indispensável para demonstrar as mistificações segundo as quais a democracia política é inerente à ordem burguesa "normal" ou "moderna". Sob este prisma, o traço apanhado por Lenin mostra-se rigorosamente comprovado pela experiência histórica: a emergência do imperialismo fragiliza os institutos e as práticas democráticos, seu desenvolvimento os esvazia e as golpeia.

Simetricamente à postulação do Estado como pura instrumentalidade do grande capital, Lenin sustenta o seu caráter de instrumento direto da dominação do proletariado na transição.[56] É daí

---

[55] Uma sintética discussão da relação teoria liberal/democracia encontra-se em meu ensaio "Vigência de Sade" (Netto, 1986).

[56] Insisto: estas observações só dizem respeito a *O Estado*...

que decorrem, de uma parte, as funções *econômicas* que atribui ao Estado a ser criado pela revolução triunfante e, de outra, os papéis *político-sociais* que lhe confere – funções e papéis intimamente conectados. Instrumento direto e expressão imediata da vontade política da classe operária, o Estado revolucionário não pode herdar estruturas anteriores – senão ao preço da emasculação daquela vontade. Organização de uma nova economia e repressão político-social dos beneficiários da velha organização econômica são irrealizáveis mediante as instituições estatais anteriores à revolução. Porque um *puro instrumento de classe*, um Estado de classe não se presta a servir a um projeto alternativo de classe que se propõe a supressão das classes. A instauração de um aparato institucional novo, apto à implementação das precípuas tarefas revolucionário-proletárias, porém à partida destinado a exaurir-se, esta instauração é variável do *conteúdo democrático* da dominação proletária.

É impossível sumariar, nestas páginas, a problemática contida na ideia de *ditadura do proletariado*[57] – que, sem o concurso de Lenin e sob as proféticas advertências de Rosa Luxemburgo, na prática histórica frequentemente degenerou em ditadura burocrática sobre o proletariado.[58] O que importa assinalar é que Lenin a concebe como extensão/universalização e restrição/supressão das liberdades políticas, com seus rebatimentos econômico-sociais – respectivamente para as massas trabalhadoras e para os beneficiários do antigo regime –; vale dizer: concebe-a como uma democracia de exponencial participação ampliada, com incumbências econômico-sociais induzidas e com evidente caráter de classe. Dentre a sua polifuncionalidade, dois eixos são óbvios: é com ela que se deslocam as instituições estatais precedentes e

---

[57] Um estudo interessante sobre a gênese da ideia em Marx e Engels está em Claudín (1975). A bibliografia acumulada sobre a *ditadura do proletariado* é imensa; em várias das fontes até aqui citadas, ela comparece; a título de exemplificação específica, mencione-se: Kautsky/Lenin (1978), Rosa Luxemburgo (1993), Vv. Aa. (1978), Balibar (1977).

[58] Uma rica problematização do poder político nas sociedades que se reclamavam socialistas é bem conduzida por Mészáros (1985).

seu exercício pelas massas trabalhadoras secreta a possibilidade objetiva de, no seu desenvolvimento, tornar supérfluo o novo Estado. Se este é o instrumento da vontade política proletária, a articulação e expressão desta pelos espaços ampliadamente democráticos da ditadura do proletariado são a condição da descartabilidade daquele instrumento. É neste sentido, aliás, que se resolve o aparente paradoxo formulado por Lenin: a realização da democracia equivale à sua abolição.

A referência que Lenin tem da organização do poder nestes parâmetros, bem como do seu exercício, é a Comuna parisiense, que ele via como forma política de validez universal – sabe-se que tendia a compreender os sovietes a partir deste molde. Já foi posto de manifesto que a experiência concreta da Comuna (e mesmo dos sovietes, ao tempo de Lenin) consistiu em algo por demais meteórico para ser tomado como referencial.[59] O que está fora de questão é que, neste referencial, Lenin identifica a conjunção exemplar da dinâmica democrática da *massa* com a eficácia coercitivo-repressiva, constituindo "o conteúdo de classe de todo um período histórico de transição" (Gerratana, 1975, II: 39).[60] Mais: ele pensava que tal forma política – cuja consolidação histórica não se lhe afigura problemática em *O Estado...* – assegurava as condições para erradicar as cristalizações burocráticas.[61]

---

[59] Bobbio, conhecido crítico da tradição marxista, tem insistido, como equívoco, no "papel assumido pela Comuna de Paris na teoria política marxista, incrivelmente desproporcional em relação à importância histórica do episódio. Penso que ninguém, hoje, acredita seriamente que os problemas de organização política de um grande Estado [...] possam ser resolvidos com as indicações que Marx desenvolveu a partir da observação de algumas formas de organização provisórias com as quais foi conduzida a luta da Comuna contra o Estado francês, e que tinham sido adotadas pelos insurretos em situação de emergência" (Bobbio, 1983, p. 21-22). Cf. também M. Johnstone, *in* Hobsbawm, org. (1985, 5). Para uma anotação interessante sobre Lenin e a Comuna, cf. Gerratana (1975, II, p. 51 e ss.).

[60] Uma análise literal de *O Estado...*, no entanto, só muito dificilmente desautoriza a avaliação de Fetscher, segundo a qual Lenin, diferentemente de Marx, "interpretava a noção de ditadura tecnicamente como exercício de um poder desligado de qualquer legislação" (Fetscher, 1970, p. 187).

[61] Sobre a questão da burocracia, cf., entre outros, E. O. Wright (1981, cap. 4).

Esta visualização lenineana da ditadura do proletariado, ao contrário do que pretendem asseverar muitos dos seus intérpretes, está prenhada de aspectos irresolutos. Em *O Estado...*, por exemplo, não fica claro se ela comporta canais de representação estáveis, em que medida os funde com formas de democracia direta etc., e é nebuloso o papel do partido político.[62] A impressão que legitimamente se pode extrair da leitura do texto é que, na ditadura do proletariado, tal como Lenin a tematiza aqui, o *exercício da democracia pela massa dos trabalhadores se realizaria sem mediações*. Em última instância, contudo, é inegável que "a democracia de novo tipo [...], mesmo nítida como solução teórica, constitui [...] um problema político em aberto" (Gerratana, 1975, II, p. 57).

No marco deste problema, há ainda questões que o enfoque lenineano situa de um modo que é evidentemente insatisfatório. A justa ênfase que Lenin coloca na essência estruturalmente diversa da democracia própria da ditadura do proletariado (justa na escala em que ela se insere como uma *ruptura* – ou, no jargão convencional, "salto qualitativo" – em face do que a precede) não deixa clara a relação de continuidade que, como fenômeno histórico-social, ela guarda com o elenco das liberdades políticas que se ergueu no processo da luta proletária anticapitalista. A dialética inerente às rupturas não recebe aqui um tratamento inclusivo e as implicações disto são largas, com a tendência a reduzir de fato a funcionalidade revolucionária e sociocêntrica de liberdades políticas configuradas no seio do mundo burguês e a avaliá-las com base em seu fundamento puramente jurídico-formal.[63]

Mas o problema em tela – cuja centralidade a evolução mesma do Estado que a intervenção política de Lenin pôs de pé

---

[62] Embora Gruppi assegure que "não se poderá jamais encontrar em Lenin uma definição da ditadura do proletariado como regime de partido único" (1979, p. 198), Johnstone (*op. e loc. cit.*: 129) observa que, em *O Estado...*, a figura do partido político é quase ausente: há apenas três menções, duas das quais inteiramente marginais.

[63] Uma boa fonte para tangenciar a problemática aqui sugerida é Cerroni (1976).

logo se encarregaria de patentear – não é o único que permanece "em aberto" em *O Estado*... Na verdade, o conjunto de ideias que se expendem no texto direcionadas ao esclarecimento das principais questões atinentes à *nova* organização do poder, dado o seu nível de generalidade, revelam-se indicações de caráter pouco mais que aproximativo. Esta debilidade não pode ser posta na conta da alergia lenineana a qualquer utopismo; sobretudo, assinala que o texto se ressente de um calço teórico mais desenvolvido para pensar a transição socialista – o que nele há de subsídios para uma *teoria da transição* sintomatiza o pouco que, neste domínio, até então pudera acumular o pensamento socialista revolucionário.[64]

Uma das linhas de força de todo o texto lenineano é o *modelo de revolução* sobre o qual trabalha (e que, em grande medida, condiciona a concepção de um dos seus instrumentos conscientes, o partido). Trata-se de um modelo de natureza francamente *insurrecional*, que se, por um lado, se liga às experiências europeias de 1848-1849 e 1870, não se funda exclusivamente nelas e, por outro, extrai muito da visão lenineana da "agonia" do capitalismo. É claro que se prende a este modelo a noção – axial em *O Estado*... – da *quebra* do aparato estatal burguês. Já antes de Lenin, este modelo era objeto de achegas e ponderações que, no limite, introduziram novos elementos para a concretização da noção de *quebra* (por exemplo, no Engels da polêmica *Introdução* de 1895 ao escrito marxiano *As lutas de classes na França. 1848-1849* [cf. Netto, org., 1981, p. 207 e ss.]) e parece inconteste que Lenin não os levou em consideração (Zolo, 1977, "introdução" e Coutinho, 1985, p. 36-38) – novamente, penso, em função do contexto teórico-político de que surge *O Estado*... O fato é que este modelo (de que deriva, no processo revolucionário, o privilégio do que Gramsci chamou de "guerra de movimento") não se mostrou operacional e viável

---

[64] Até hoje, muito dificultosamente vem abrindo seu caminho a teoria da transição; há alguns anos, aflorei o tema – cf. Netto (1979).

LENIN E A INSTRUMENTALIDADE DO ESTADO

diante do desenvolvimento do Estado imperialista e é um dos alvos prediletos da crítica contemporânea ao pensamento de Lenin. De qualquer forma, ainda não se ofereceu uma alternativa, quer no plano teórico, quer na experiência histórica, que, minimamente testada, permita determinar cabalmente a sua superação.

Poder-se-ia alongar excessivamente a argumentação conducente a uma ampla rediscussão do texto lenineano. Quer-me parecer que as indicações sugeridas até aqui são adequadas – nos limites deste ensaio – para sensibilizar o leitor de *O Estado*... para o caráter visceralmente problemático deste texto. Se um dos méritos de Lenin, neste trabalho, reside, como observou Gerratana, em operar uma verdadeira *dessacralização do Estado,* em "profaná-lo", e se esta iniciativa, dadas as condições teórico-políticas em que se efetivou, consistiu na focagem da sua pura instrumentalidade – se as coisas se passaram assim, seria impertinente ler o texto de 1917 como se à cata de soluções.

Na perspectiva do movimento socialista revolucionário, considerados os dilemas que enfrenta hoje, a Leste e a Oeste, o livro de Lenin revela-se *tão indispensável quanto insuficiente.* Indispensável para a desmontagem das legitimações ideológicas de uma transição socialista que congelou a socialização do poder político e para o repúdio do neorreformismo que, travestido de moderno, volta a entronizar as necessidades como virtudes. E insuficiente para dar conta das novas realidades que, em todas as latitudes, são postas pela complexa organização e gestão de sociedades nas quais a onipresença da violência – coagulada na máquina coercitivo-repressiva e burocrática estatal ou civilizadamente evanescente por incontáveis condutos econômico-sociais – reduz a cada passo a autonomia dos indivíduos.

O que ficou patenteado pelo curso real do movimento social é que a história, esta matrona ardilosa, reservou não poucas armadilhas para as projeções de Lenin. Em uma escala que não deve ser subestimada, as suas ciladas comprometeram tanto a antecipação do idílico Estado que se extinguiria (aquela generosa ilustração lenineana segundo a qual uma cozinheira se haveria bem na condução do Estado) quanto a razão teórica que o acompanharia.

Paradoxalmente, é à boa parte dessas armadilhas que *O Estado...* tem creditado muito do seu fascínio atual: seu potencial crítico em face dos Estados que se apresentam como fundados na ditadura do proletariado é inequívoco e inesgotável; e igualmente o é em face mesmo das formas mais flexíveis da dominação burguesa, em que a vigência de direitos políticos democráticos possui como contra partida uma até agora ineliminável, cotidiana e crescente barbarização da vida social.

Há que reiterar que o texto lenineano de 1917 se inscreve num *cenário de luta* – longe de ser o produto de uma razão que opera sobre ideias expurgadas das sequelas e condicionantes do movimento histórico-social real, é uma intervenção teórica que se confronta com os fatos e processos, materiais e ideais (as forças efetivas da manutenção da ordem burguesa, as concepções que animavam a atuação da social-democracia). Como indiquei, é o drama histórico da revolução socialista posta na ordem do dia que constitui o contraponto necessário da colocação do Estado como objeto da reflexão teórica.[65]

Aliás, poder-se-ia mesmo aventar a hipótese, considerado o ulterior desenvolvimento do debate acerca do Estado na tradição

---

[65] Evidentemente, Lenin não é o único socialista da época a pensar o Estado. Esta tematização envolveu, de uma forma ou de outra, todos os social-democratas seus contemporâneos. Além daqueles que cita polemicamente, recorde-se que, já em 1898, debatendo com Bernstein, Rosa Luxemburgo enfrentara o problema em *Reforma social ou revolução?* E, na imediata sequência da publicação da obra de Lenin, no contexto da possibilidade concreta da revolução, floresce uma produção teórica de que apenas se podem evocar aqui as pontas mais salientes: vários artigos de Gramsci entre 1918 e 1919, trabalhos de Max Adler (*Democracia e sistema de conselhos*, 1919, *A concepção do Estado no marxismo*, 1922), o *ABC do comunismo*, de Bukharin e Preobazenski (1919), as *Questões fundamentais da socialização*, de Korsch (1920) e *A teoria marxista da história, da sociedade e do Estado. Elementos de sociologia marxista*, de Cunow (1920-1921).

marxista,[66] segundo a qual o Estado se converte em objeto teórico privilegiado quando da iminência (efetiva ou projetada) da revolução e quando da constatação aberta da sua problematização pelas vigorosas resistências e capacidade de sobrevivência do Estado moderno (burguês).[67]

No que toca ao texto de Lenin, cabe, finalmente, chamar a atenção para o fato – antes só mencionado de passagem – de ele *pressupor* a existência de uma teoria (nas suas palavras, de uma *doutrina*) marxista do Estado. Como se viu, Lenin propôs-se *restabelecer* esta teoria contra as deformações dos "oportunistas"; ou seja: acredita-a dada ou posta nos "clássicos", Marx e Engels. Essa pressuposição não é casual em Lenin nem, muito menos, um artifício: a sua concepção do marxismo – quanto a isto, congruente com a matriz teórica da Segunda Internacional –[68] validava inteiramente o seu pressuposto. No entanto, é precisamente este pressuposto que deve merecer alguma reflexão.

Não me parece algo aleatório que Lenin arranque de uma teoria do Estado em *geral,* com o recurso direto ao Engels de 1884.[69] Salvo erro meu, em Marx inexiste uma teorização deste teor – há sempre, nele, determinações teóricas do Estado *moderno* (burguês) e em relação, sempre, com a *totalidade histórico-social* mobilizada

---

[66] Uma panorâmica deste debate encontra-se em M. Carnoy (1986). Outras fontes que permitem um mapeamento dos problemas e das linhas de força da discussão: Vv. Aa. (1975); G. Carandine, org. (1977); J. Holloway e S. Picciotto, orgs. (1978); Bob Jessop (1983). São úteis os ensaios de D. A. Gold *et alii* (1975) e de E. Laclau *in* N. Lechner, org. (1981).

[67] Neste contexto, não posso mais que avançar esta hipótese, sugerida, de um lado, pela própria obra de Lenin e seus contemporâneos e, de outro, pelo renascimento do debate na Europa Ocidental pós-68. É interessante observar, por exemplo, a experiência do debate marxista na Itália: se, nos anos 1960, o Estado foi um dos objetos da polêmica, e não o mais saliente (cf. Vv. Aa., 1972), na década seguinte tornou-se o polo de uma discussão extraordinariamente rica (Vv. Aa., 1979).

[68] Se Lenin rompe resolutamente com a matriz da Segunda Internacional no *plano político,* no plano da teoria o seu distanciamento, iniciado durante a guerra, não se completou – tratei rapidamente desta questão na introdução a *Capitalismo e reificação* (Netto, 1981).

[69] É então que Engels formula, a partir de análises que envolvem Atenas, Roma e os germanos, uma teoria geral do Estado (Engels, 1984, caps. V, VI e VIII e especialmente p. 226-231).

pela *dinâmica* (e não somente pela *lógica)* do capital;[70] a possibilidade de uma teoria do Estado sem esta imbricação – com tudo o que ela implica para a compreensão do Estado moderno (burguês), *imanentemente,* e não só como referencialidade "econômica" da célebre "última instância" – tem todas as características, a meu ver, de ilegitmidade enquanto consequência do projeto marxiano.

É bem verdade – e o assinalei na devida altura – que Lenin não patrocina qualquer hipostasia das instâncias políticas; concretamente, *O Estado...* vincula-se à sua análise do imperialismo. Mas é no mínimo bastante sintomático que a teoria do Estado que resgata como sendo a do marxismo, além de não reenviar aos escritos marxianos da década de 1840, também não se remeta aos textos de *O capital,* obra que Lenin conhecia tão detalhadamente. Curiosamente, o tratamento ulterior do Estado, na tradição marxista, especialmente naquelas vertentes que mais empenhadamente se esforçaram para agarrar a "ampliação" do Estado, prosseguiu sem o recurso a *O capital* (ou, mais exatamente, à crítica marxiana da economia política). Foi preciso aguardar a emergência da "escola derivacionista" – com seus intentos para fundar logicamente o Estado burguês, deduzindo as relações estruturais entre economia e política das determinações básicas do modo de produção capitalista – para que o apelo à crítica da economia política explicitasse o seu caráter necessário e se rediscutisse a natureza e o âmbito da *autonomia* do político.[71]

O problema embutido na pressuposição lenineana diz respeito à teoria do Estado *em geral* e da sua pertinência a Marx e Engels e à sua sustentabilidade enquanto *teoria política* (pois uma teoria do

---

[70] O que, é óbvio, não impede que apresente estudos *formalmente* centrados sobre o "político" (seria o caso do *Dezoito brumário...*).

[71] Ao que eu saiba, dos "derivacionistas", cujo expoente é J. Hirsch, não há textos acessíveis em português (salvo o trabalho de G. Mathias e P. Salama, 1983). Alguns de seus materiais (de Altvater, Wirth e Hirsch) estão coligidos em Vv. Aa. (1975) e outros comparecem em H. R. Sontag e H. Valecillos, orgs. (1977). Objeto da crítica dos "derivacionistas" foram, por um lado, N. Poulantzas (cujos textos em português são vários) e, por outro, C. Offe (que também possui muitos ensaios vertidos à nossa língua).

Estado supõe e implica uma teoria política). Pelo exposto, a minha análise sugere que uma tal teoria não encontra suporte explícito em Marx e, igualmente, não está isenta de reparos se se quiser (e a evolução do debate posterior a Lenin mostrou o quanto se quis e se quer) uma teoria *específica*. No primeiro caso, tudo indica que a generalização que Lenin opera, com o autorizado precedente de Engels, converte a obra marxiana de uma teoria da sociedade burguesa em teoria da dinâmica histórico-social *em geral*. No segundo, a reposição do Estado como objeto teórico autônomo, recortado da totalidade histórico-social concreta, o que entra em jogo é a legitimidade mesma de uma teoria política *marxista*.

Esta é uma questão explosiva. Já nos tempos de Lenin, a referida legitimidade era posta em dúvida.[72] E a discussão voltou vigorosamente à cena nos anos de 1970, especialmente na Itália, sendo formulada em termos claríssimos – há uma teoria política no marxismo? Se há, qual a sua legitimidade? (Vv. Aa., 1979).

Um dos protagonistas do debate, o competente Cerroni, na sequência da polêmica reconhecia que "não nos foi transmitida uma teoria articulada do Estado marxista", que "só herdamos uma série de citações soltas e desligadas"; mas, ao mesmo tempo, insistia em que "a ausência da elaboração de uma teoria marxista do Estado não significa [...] a impossibilidade de extraí-la a partir do conjunto da obra de Marx" (Cerroni, 1979, p. 64 e 103). Numa posição antípoda, Colletti – que não esteve diretamente envolvido na discussão – negou a existência de uma ciência política marxista e asseverou que "implantar uma 'ciência da política' no marxismo implica um reexame crítico dos princípios" (Colletti, 1983, p. 121); para este autor,

> não há "ciência da política" no marxismo porque a teoria marxista da política e do Estado é a teoria da *extinção* da política e do Estado. Em outras palavras, não há ciência da política porque o que o marxismo elaborou, a este respeito, é exatamente o oposto: a cessação da esfera da política e

---

[72] Em 1924, Kelsen (1982, p. 401) já argumentava que "o marxismo, enquanto teoria política [...] mostrou-se insustentável".

do Estado, a abolição [...] da distinção entre governantes e governados (*idem*, p. 119).

Trata-se, como se verifica, de duas posturas irreconciliáveis. A argumentação de Colletti[73] é irrecorrível; mas não o são menos os fatos – e estes registram, da época de Lenin aos dias correntes, a acumulação de ideias, hipóteses, teses, estudos, interpretações e concepções de ambição inclusiva que configuram um acervo que tem a pretensão de uma teoria política estruturada em nome do marxismo.

São coisas diferentes a indagação da consistência e da qualidade teóricas dessas formulações e da sua legitimidade enquanto congruentes e consequentes com o projeto marxiano. Em qualquer caso, porém, pensá-las é, obrigatoriamente, repensar *O Estado...* Voltamos, pois, à notação de Florestan Fernandes, com que se abriu este escrito: o texto de 1917 é mesmo uma "obra capital dentro do marxismo".

São Paulo, 1987

Bibliografia

Althusser, L. *Escritos. 1968-1970*. Barcelona: Laia, 1975.

Balibar, E. *Sobre la dictadura del proletariado*. México: Siglo XXI, 1977.

Bernstein, E. *Las premisas del socialismo y las tareas de la socialdemocracia*. México: Siglo XXI, 1982.

Bertelli, A. R. "A questão do Estado e da transição em Lenin e Bukharin". *Revista Novos Rumos*. S. Paulo: Novos Rumos, ano I, nº 2, abril-junho de 1986.

Blanc, Y., Kaisergruber, D. *L'affaire Boukharine*. Paris: Maspero, 1979.

Bobbio, N. *O conceito de sociedade civil*. Rio de Janeiro: Graal, 1982.

_____. *Qual socialismo? Debate sobre uma alternativa*. Rio de Janeiro: Paz e Terra, 1983.

---

[73] Ele retorna ao tema em sua *Intervista político-filosófica* (1974).

Brandt, V. C. "Nota sobre as interpretações burocráticas da burocracia ou as artes da tesoura". *Estudos CEBRAP*. S. Paulo: CEBRAP, nº 17, julho-outubro de 1976.

Carandini, G. org. *Stato e teoria marxiste*. Milano: Mazzotta, 1977.

Carlo, A. "A concepção do partido revolucionários em Lenin". *Estudos CEBRAP*. S. Paulo: CEBRAP, nº 15, janeiro-março de 1976.

Carnoy, M. *Estado e teoria política*. Campinas: Papirus, 1986.

Cerroni, U. *Teoria della crisi sociale em Marx*. Bari: De Donato, 1971.

_____. *Teoría política y socialismo*. México: Era, 1976.

_____. *O pensamento jurídico soviético*. Lisboa: Europa-América, 1976a.

Claudín, F. *Marx, Engels y la revolución de 1848*. Madrid: Siglo XXI, 1975.

_____. *A crise do movimento comunista*. S. Paulo: Global, 1, 1985.

Colletti, L. *Intervista político-filosófica*. Bari: Laterza, 1974.

_____. *Ultrapassando o marxismo e as ideologias*. Rio de Janeiro: Forense, 1983.

Coutinho, C. N. *Gramsci*. Porto Alegre: L&PM, 1982.

_____. *A dualidade de poderes. Introdução à teoria marxista do Estado e da revolução*. S. Paulo: Brasiliense, 1985.

Ellenstein, J. *História da URSS*. Lisboa: Europa-América, 1, 1976.

Engels, F. *A origem da família, da propriedade privada e do Estado*. S. Paulo: Global, 1984.

Fetscher, I. *Karl Marx e os marxismos*. Rio de Janeiro: Paz e Terra, 1970.

Fischer, L. *A vida de Lenin*. Rio de Janeiro: Civilização Brasileira, 1, 1967.

Gerratana, V. *Investigaciones sobre la historia del marxismo*. Barcelona: Grijalbo, I-II, 1975.

Gold, D. *et alii*. "Recenti sviluppi delle teorie sullo Stato capitalista". *Monthly Review*, ed. ital., novembro-dezembro de 1975.

Gruppi, L. *O pensamento de Lenin*. Rio de Janeiro: Graal, 1979.

Gustafsson, B. *Marxismo y revisionismo*. Barcelona-México: Grijalbo, 1975.

Hilferding, R. *O capital financeiro*. S. Paulo: Abril Cultural, 1985.

Hill, C. *Lenin e a revolução russa*. Rio de Janeiro: Zahar, 1963.

Hobsbawm, E. J. org. *História do marxismo*. Rio de Janeiro: Paz e Terra, II, 1982.

_____. org. *História do marxismo*. Rio de Janeiro: Paz e Terra, V, 1985.

Holloway, J. e Picciotto, S. orgs. *State and Capital: A Marxist Debate*. London: E. Arnold, 1978.

Jessop, B. *Theories of the State*. New York: New York University Press, 1983.

Kautsky, K. e Lenin, V. I. *A ditadura do proletariado. A revolução proletária e o renegado Kautsky*. S. Paulo: Ciências Humanas, 1978.

Kelsen, H. *Socialismo y Estado*. México: Siglo XXI, 1982.

Lechner, N. org. *Estado y política em América Latina*. México: Siglo XXI, 1981.

Lefebvre, H. *Pour connaître la pensée de Lénine*. Paris: Bordas, 1957.

_____. *La proclammation de la Commune*. Paris: Gallimard, 1965.

_____. *La vie quotidienne dans le monde moderne*. Paris: Gallimard, 1968.

_____. *De l'État*. Paris: UGE, 2, 1976.

Lenin, V. I. *Obras escolhidas em três tomos*. Lisboa-Moscou: Avante!-Progresso, 1-2-3, 1977-1978-1979.

_____. *El marxismo y el Estado*. Moscú: Progresso, 1980.

_____. *O desenvolvimento do capitalismo na Rússia*. S. Paulo: Abril Cultural, 1982.

_____. *O Estado e a revolução*. S. Paulo: Hucitec, 1986.

Löwy, M. *Método dialético e teoria política*. Rio de Janeiro: Paz e Terra, 1975.

Lukács, G. *Lenin. La coherencia de su pensamiento*. México: Grijalbo, 1971.

_____. "O presente e o futuro da democratização". *Revista Novos Rumos*. S. Paulo Novos Rumos, vol. 1, nº 1, janeiro-março de 1986.

Luxemburgo, R. *La révolution russe*. Paris: Spartacus, 1963.

Magri, L. "*L'État et la révolution* aujourd'hui". *Les Temps modernes*. Paris, nº 266-267, agosto-setembro de 1968.

Mathias, G. e Salama, P. *O Estado superdesenvolvido*. S. Paulo: Brasiliense, 1983.

Mazzeo, A. C. *Lenin, o Estado e a revolução*. S. Paulo, 1984 (mimeo gentilmente cedido pelo autor).

Mészáros, I. *Lukács' concept of dialectic*. London: Merlin Press, 1972.

_____. "Poder politico e dissidência nas sociedades pós-revolucionárias". *Ensaio*. Ensaio: S. Paulo, nº 14, 1985.

Netto, J. P. (org.). *Engels*. S. Paulo: Ática, col. "Grandes cientistas sociais", série Política, 1981.

_____. *Stalin*. S. Paulo: Ática, col. "Grandes cientistas sociais", série Política, 1982.

Netto, J. P. "Notas sobre democracia e transição socialista". *Temas de ciências humanas*. S. Paulo: Ciências Humanas, vol. 7, 1979.

_____. *Capitalismo e reificação*. S. Paulo: Ciências Humanas, 1981.

_____. *O que é marxismo*. S. Paulo: Brasiliense, col. "Primeiros passos", 1985.

_____. Vigência de Sade". *Revista Novos Rumos*. S. Paulo: Novos Rumos, ano 1, vol. 1, nº 2, abril-junho de 1986.

Offe, C. *Problemas estruturais do Estado capitalista*. Rio de Janeiro: Tempo Brasileiro, 1984.

Ponomariov, B.,org. *Historia del Partido Comunista de la Unión Soviética*. Moscou: Lenguas Extranjeras, s.d.

Rodrigues, L. M. e Fiore, O. de. "Lenin e a sociedade soviética: o capitalismo de Estado e a burocracia". *Estudos CEBRAP*. S. Paulo: CEBRAP, nº 15, janeiro-março de 1976.

Sontag H. R. e Valecillos, H., orgs. *El Estado em el capitalismo contemporáneo*. México: Siglo XXI, 1977.

Trotsky, L. *A história da revolução russa*. Rio de Janeiro: Saga, 1-2-3, 1967.

Vv. Aa. *Lenin. Biografia*. Rio de Janeiro: Vitória, 1955.

_____. *Il marxismo italiano degli anni sessanta e la formazione teórico-política delle nuove generazione*. Roma: Riuniti, 1972.

_____. *Teoría del proceso de transición*. Córdoba: Cuadernos de Pasado y Presente, 23, 1973.

_____. *El problema del Estado y la dictadura del proletariado*. Puebla: Universidad Autónoma de Puebla, 1978.

_____. *O marxismo e o Estado*. Rio de Janeiro: Graal, 1979.

_____. *Estado e capitalismo*. Rio de Janeiro: Tempo Brasileiro, 1980.

_____. *Histoire du marxisme contémporaine*. Paris: UGE, 4, 1978.

Weber, H. *Marxismo e consciência de classe*. Lisboa: Moraes, 1977.

Wright, E. O. *Classe, crise e o Estado*. Rio de Janeiro: Zahar, 1981.

Zolo, D. *I marxisti e lo Stato. Daí classici ai contemporanei*. Milano: Il Saggiatore, 1977.